Perspektive Praxis

Hannelore Bastian
Klaus Meisel
Ekkehard Nuissl
Antje von Rein

Kursleitung
an Volkshochschulen

PERSPEKTIVE PRAXIS

Herausgeber/innen
PD Dr. Hannelore Bastian, VHS Hamburg
Dr. Wolfgang Beer, EAD, Bad Boll
Rosemarie Klein, bbb Büro für berufliche Bildungsplanung, Dortmund
Prof. Dr. Jörg Knoll, Universität Leipzig
Dr. Klaus Meisel, DIE, Bonn

Herausgebende Institution
Das Deutsche Institut für Erwachsenenbildung (DIE) ist eine Einrichtung der Leibniz-Gemeinschaft und wird von Bund und Ländern gemeinsam gefördert.
Das DIE vermittelt zwischen Wissenschaft und Praxis der Erwachsenenbildung und unterstützt sie durch Serviceleistungen.

Lektorat: Christiane Jäger/Rosemarie Landsiedel

Bibliografische Information Der Deutschen Bibliothek
Die Deutsche Bibliothek verzeichnet diese Publikation in der Deutschen Nationalbibliografie; detaillierte bibliografische Daten sind im Internet über <http://dnb.ddb.de> abrufbar.

Verlag:
W. Bertelsmann Verlag GmbH & Co. KG
Postfach 10 06 33
33506 Bielefeld
Telefon: (0521) 9 11 01-11
Telefax: (0521) 9 11 01-19
E-Mail: service@wbv.de
Internet: www.wbv.de

Bestell-Nr.: 43/0022

© 2., überarbeitete und aktualisierte Auflage 2004
W. Bertelsmann Verlag GmbH & Co. KG, Bielefeld
Satz: Grafisches Büro Horst Engels, Bad Vilbel
Herstellung: W. Bertelsmann Verlag, Bielefeld
ISBN 3-7639-1895-7

Inhalt

Vorbemerkungen 5

1. Einleitung 7

2. Organisation Volkshochschule 13
   2.1 Organisation und Organisationsgeschichte 14
   2.2 Marketing: Bildung als Ware 16
   2.3 Kursleitende in Prozessen der Organisationsentwicklung 19

3. Lehrende 21
   3.1 Tätigkeitsfelder und Rollen 22
   3.2 Status und Rechtsfragen 23
   3.3 Lehrende an Volkshochschulen 25
   3.4 Zusammenarbeit zwischen Volkshochschule
       und Kursleitenden 29

4. Teilnehmende 35
   4.1 Menschenbild 35
   4.2 Lernmotive und Erwartungen 36
   4.3 Bildungsverhalten 37
   4.4 Lernverhalten und Lernstile 39
   4.5 Teilnehmende an Volkshochschulen 43

5. Angebote 49
   5.1 Teilnehmerorientierung 49
   5.2 Ankündigung 51
   5.3 Didaktik/Methodik 53
   5.4 Ziele und Nutzen 54
   5.5 Angebotstypen 56
   5.6 Programm- und Kursplanung an Volkshochschulen 79

6. Typische Situationen und Schwierigkeiten 83
   6.1 Anfangssituation 86
   6.2 Schlusssituation 91
   6.3 Konfliktsituationen 94
   6.4 Wegbleiben 98

7. Evaluation 101
   7.1 Planungsevaluation 101
   7.2 Rückmeldungen im Lernprozess 101
   7.3 Ergebnisevaluation 102
   7.4 Selbstevaluation 103
   7.5 Erfahrungsaustausch 103

8. „Ausleitung" 105

Verzeichnis der Abbildungen 107

Literatur 108

Autorinnen und Autoren 111

Vorbemerkungen

Mit rund tausend Einrichtungen stellen die Volkshochschulen den größten Anbieter allgemeiner Weiterbildung in Deutschland dar und sprechen mit ihrem breiten Kursangebot – im Jahr 2002 waren es rund 559 Tausend Kurse – einen Großteil der Bevölkerung an. So überrascht es nicht, dass die Volkshochschule von den meisten Menschen nicht nur als *die* zentrale Weiterbildungseinrichtung wahrgenommen, sondern auch als solche genutzt wird. Dies belegen Ergebnisse einer jüngst durchgeführten bundesweiten Untersuchung zum Weiterbildungsverhalten unter der Leitung von Prof. Tippelt von der Universität München und Prof. Barz von der Universität Düsseldorf.

Hinter dem beträchtlichen Leistungsangebot der Volkshochschulen steht eine Reihe von Fachkräften, die mit der Planung, Organisation und nicht zuletzt der Durchführung von Bildungsangeboten für Erwachsene beschäftigt sind. Neben dem hauptberuflich tätigen Personal in Leitung und Verwaltung spielen dabei vor allem die meist nebenberuflich tätigen Kursleitenden eine wichtige Rolle. Sie sind es, die in den Veranstaltungen im direkten Kontakt mit den Teilnehmenden stehen und somit das Bild der Volkshochschule entscheidend mitprägen.

Für die einen oder anderen Leser/innen mag es vielleicht altbacken erscheinen, wenn in diesem Einführungsband von Kursleitenden die Rede ist. Der Begriff scheint überholt, benennt doch die in ihm enthaltene Lernorganisationsform „Kurs" nur eine unter vielen Möglichkeiten des Lernens. Aber auch die moderner anmutende Bezeichnung „Trainer/in" transportiert nur ein begrenztes pädagogisches Verständnis, das der realen Tätigkeit der Akteure, die sich Trainer nennen, nicht voll und ganz entspricht. Der in letzter Zeit zunehmend verwendete Begriff des „Lernberaters" beziehungsweise der „Lernberaterin" blendet die Funktion der Wissensvermittlung fast vollständig aus. Sie ist aber in vielen Lehr-Lern-Prozessen nach wie vor gefragt. Die Vielfalt der verwendeten Begriffe macht eines deutlich: Die an die Kursleitenden gestellten Erwartungen sind äußerst vielschichtig und komplex. Von ihnen wird erwartet, eine Lerngruppe moderieren zu können, Inhalte vermitteln sowie Lernende beraten zu können, erwachsenengerechte Lehr- und Lernformen zu kennen und diese auch situationsadäquat umzusetzen. Keiner der hier skizzierten Begriffe spiegelt dieses Anforderungsspektrum in angemessener Weise wider. Und es stellt sich auch die Frage: Können und müssen Kursleitende all diese Anforderungen erfüllen?

Auf Grund der hier nur angedeuteten Herausforderungen haben wir das Buch, das 1976 erstmalig als Kursleitereinführungsbroschüre für Mitarbeitende von

Volkshochschulen erschienen ist und im Jahr 1997 komplett und vollständig neu aufgelegt wurde, erneut inhaltlich aktualisiert. Damit will das Deutsche Institut für Erwachsenenbildung die Professionalisierung und die systematische Qualitätsentwicklung in den Weiterbildungseinrichtungen flankierend unterstützen. Denn die Qualität der Erwachsenenbildung wird in erster Linie durch das in der Bildungspraxis tätige pädagogische Personal gewährleistet. Ohne die große Anzahl von neben- und freiberuflichen Fachkräften wäre die Weiterbildung und ihre hohe Flexibilität, zeitnah auf neue Themen und Anforderungen eingehen zu können, nicht denkbar. Die pädagogisch Tätigen selbst sind gefordert, sich kontinuierlich weiterzubilden und für die anspruchsvollen Aufgaben zu qualifizieren – sei es im Umgang mit Neuen Medien, der Umsetzung neuer Verbundlehrformen oder der Gestaltung von Selbstlern-Arrangements. All dies setzt eine solide Basisqualifikation voraus, über die Neueinsteiger/innen in diesem Handlungsfeld jedoch nur zum Teil verfügen. Der hier vorliegende Einführungsband kann eine solche pädagogische Grundausbildung nicht ersetzen. Gleichwohl will er einen ersten Zugang ermöglichen, indem er die Rollenklärung unterstützt, einen Einblick in die Weiterbildungsdidaktik liefert, erwachsenengerechte Lernformen präsentiert und auch eine professionsethische Grundhaltung transportiert.

Klaus Meisel
Deutsches Institut für Erwachsenenbildung

1. Einleitung

Dieses Buch wendet sich an jene Lehrenden in der Erwachsenenbildung – hier speziell in den Volkshochschulen –, welche diese Arbeit gerade beginnen und in der Regel nebenberuflich ausüben. Es aktualisiert die Broschüre, die seit 1997 viele neue Mitarbeiter/innen an Volkshochschulen in die wichtigsten Grundlagen ihrer Arbeit eingeführt hat. Damit konnte für die aus unterschiedlichen Welten stammenden Lehrenden eine Kommunikationsbasis geboten und ein wichtiger Beitrag zur Verständigung über ein am Menschen orientiertes Bildungsziel geleistet werden. Diesem Anspruch soll auch die nun überarbeitete und aktualisierte Auflage gerecht werden. Vor allem aber wollen wir den Einstieg in die Lehrtätigkeit der Erwachsenenbildung unterstützen. Sie ist einerseits anspruchsvoll und folgt professionellen Standards, andererseits soll sie aber auch anregend und befriedigend sein und nicht zuletzt Spaß machen.

Jede Einführung steht vor schwierigen Entscheidungen darüber, was unbedingt gesagt werden sollte und was weggelassen werden kann, inwieweit wissenschaftlich gestützte Empfehlungen gegeben werden sollen oder wo Trendaussagen mit offenen Formulierungen angebracht sind. Das vorliegende Buch berücksichtigt die Entwicklungen in der Praxis und die Erkenntnisse der Wissenschaft der Erwachsenenbildung und ist als eine erste Annäherung an Ihre Lehrtätigkeit gedacht. Dabei gehen wir davon aus, dass es für Sie wichtig ist zu wissen, was sich über die Lernenden, ihre Erfahrungen und Erwartungen sagen lässt, wie das organisatorische Gefüge von Volkshochschulen aussieht und was diese mit ihrem Angebot erreichen wollen. Und natürlich vor allem: welche Gesichtspunkte bei der Vorbereitung und Durchführung der Veranstaltungen bzw. Kurse zu berücksichtigen sind. Spezifische fachdidaktische Fragen (etwa zu Fremdsprachen oder zur Informationstechnologie) werden dabei nicht einbezogen; hierfür liegen vom DIE andere Einführungen vor: so zum Beispiel zur kulturellen Bildung oder zum Sprachenlernen. Eine Einführung in die politische Bildung ist in Vorbereitung.

Wenn wir Sie als Adressat/inn/en dieses Buches ansprechen, sind wir in einer ähnlichen Situation wie Sie, wenn Sie Ihren Kurs, Ihr Seminar, Ihre Veranstaltung konzipieren und sich Gedanken darüber machen, mit wem Sie es zu tun haben. Wir wissen aus Untersuchungen zum Personal in der Weiterbildung, dass es sich bei Kursleitenden um eine äußerst heterogene Gruppe von Menschen handelt, die aus unterschiedlichsten Lebenssituationen kommen, unterschiedlichste Interessen und Kompetenzen besitzen und aus verschiedensten Motiven eine Lehrtätigkeit in der Weiterbildung begonnen haben. Viele von ihnen sind in pädagogischen Bereichen tätig (z. B. in Schule und Hochschule), kommen aus kulturellen oder betrieblichen Zusammenhängen, arbeiten in fachlichen Kontexten, die in der Weiterbildung gefragt sind (z. B. Fremdsprachen, Gesundheit, Informationstechnologie) oder sind einfach – als Hausfrau, Bademeister, Manager, Korrespondentin – in einem Gegenstand kompetent, der sich in der Weiterbildung bedarfsbezogen in Lehr- und Lernprozesse umsetzen lässt. Sie kommen nicht nur aus unterschiedlichsten Zusammenhängen mit unterschiedlichen Motiven und Interessen, sondern üben ihre Lehrtätigkeit auch auf unterschiedlichste Weise aus. Manche von ihnen machen eine Veranstaltung im Jahr oder im Semester, so nebenher, manche leben davon und haben zahlreiche Verpflichtungen in der Lehre an unterschiedlichen Institutionen. Manche „lehren" im traditionellen Sinn, indem sie Wissen vermitteln, andere moderieren, vermitteln, beraten oder ermöglichen Lernen. Nur ein Teil von ihnen verfügt über eine erwachsenenpädagogische Grundbildung.

Sie alle repräsentieren, in traditionellen Begriffen, ein breites Spektrum von „Laien" und „Experten" der erwachsenenpädagogischen Arbeit. Wir versuchen, mit diesem Buch etwas zu vermitteln, das mehr ist als bloßes Wissen darüber, wie man Unterricht mit Erwachsenen gestaltet:
- die Orientierung am Wesentlichen,
- das Verständnis für das Besondere im Lehr-Lern-Prozess von Erwachsenen,
- das Bewusstsein von der Humanität von Bildungsprozessen, die sich in menschliche Lebensläufe einfügen.

Wir versuchen, die Fragen zu beantworten, die Sie sich vermutlich stellen, wenn Sie mit der Lehrtätigkeit in der Weiterbildung beginnen. Die meisten dieser antizipierten Fragen beantworten wir im folgenden Text. Mit drei allgemeinen Fragen wollen wir uns vorab beschäftigen, wobei wir uns jeweils auf die Ergebnisse von empirischen Untersuchungen stützen.

Die erste der Fragen ist selbstreflexiv und heißt: Warum übernehmen Menschen Lehrtätigkeiten in der Erwachsenenbildung? Die Antwort gibt auch Hinweise darauf, mit welchen Kolleginnen und Kollegen man es zu tun hat. Die Motive dafür sind ebenso vielfältig wie die Personen, die unterrichten, und die Fächer, in denen sie unterrichten. In den meisten Fällen kommen mehrere Motive zusammen, ergeben ein „Motivbündel", ein Sachverhalt, der übrigens auch bei Lernenden zu beobachten ist. Die wichtigsten Motive sind:

Freude an der Lehre: Dieses Motiv wird in allen entsprechenden Untersuchungen am stärksten betont, nahezu alle Lehrenden machen es für sich geltend. Dies trifft offenbar auch in anderen Ländern zu. Dahinter verbirgt sich vor allem die Freude am Umgang mit Erwachsenen, die beim Lernen hochmotiviert, aufmerksam, anerkennend und kommunikativ sind. Hinzu kommt die Erfahrung, dass Lehrende in der Erwachsenenbildung selbst lernen, vielleicht weniger auf einer fachlichen als vielmehr auf einer sozio-kommunikativen Ebene.

Inhalte weitergeben: Sehr häufig wird das Motiv genannt, man wolle Inhalte vermitteln. Dieses gewissermaßen „klassische" Motiv von Lehre verbindet sich mit Vorstellungen von Aufklärung, Menschenbildung und vielfach auch gesellschaftlicher Entwicklung. Wissen war schon immer ein Element, welches den Menschen auszeichnet.

Auf dem Laufenden bleiben: Bei diesem Motiv verbindet sich die Lehrtätigkeit mit ihrer Vorbereitung und Planung sowie mit dem Diskurs über den Stoff. Der erwachsenenpädagogische Grundsatz, aktuell und auf dem Stand der Erkenntnisse zu lehren und zu lernen, setzt sich als zusätzlicher Impuls bei den Lehrenden um. Für etwa zwei Drittel von ihnen ist dies ein wichtiger Grund, Erwachsene zu unterrichten.

Honorare und Vergütungen: Das Geld spielt für die (nebenberuflichen) Lehrenden eine unterschiedliche Rolle, je nachdem, ob sie zusätzlich zu einem Hauptberuf, freiberuflich oder „gering verdienend" arbeiten. Für die Nebenberuflichen ist das Geld seltener wichtig als für die „gering Verdienenden", und insbesondere für die Freiberuflichen hat das Honorar eine große Bedeutung.

Einen Job haben: Das Motiv, einen Job zu haben, ist eng verbunden mit dem Motiv, beruflich „zu überwintern" und im fachlichen Kontakt zu einem erlernten Beruf zu bleiben, auch wenn man ihn nicht ausübt. Dieses Motiv trifft vor allem bei der Gruppe der „gering verdienenden" Kursleitenden zu, die aus unterschiedlichen Gründen keiner Hauptbeschäftigung nachgehen.

Eigenes Marketing: Immer mehr Kursleitende wollen über die Lehre in der Erwachsenenbildung ein eigenes freiberufliches Angebot besser vermarkten. Dies betrifft etwa die Bereiche Gesundheitsbildung, EDV und berufliche Bildung, aber auch Fremdsprachen. Hauptgedanke ist dabei, das eigene Angebot bekannt zu machen und Kunden dafür zu gewinnen.

Seltener vertreten sind allgemeine gesellschaftspolitische Motivkomplexe oder auch – was zunächst erstaunt – Kontaktmotive insbesondere zu Kolleginnen und Kollegen.

Eine zweite allgemeine Frage lautet: Was habe ich als Lehrende/r in der Erwachsenenbildung eigentlich alles zu tun? Die Tätigkeitsfelder von Lehrenden sind vielfältig und beschränken sich nicht allein auf fachliche Aspekte:

Marketing und Akquisition: Zum Marketing der eigenen Arbeitskraft gehören Aktivitäten wie Bewerbungs- und Vorstellungsgespräche (letztlich kennzeichnet dies den Charakter des ersten Kontakts zwischen den nebenberuflich Lehrenden und den „offiziellen" Vertretern der Organisation), die Profilierung als eigenständige „Lehrperson", das Entwickeln und Vertreten eines eigenen „Angebotsprofils" und dessen Abstimmung mit dem „Markt" von Einrichtungen.

Konzeption und Planung: Konzeption und Planung bedeutet für Lehrende, ihr Angebot systematisch sowie fachlich und didaktisch professionell vorzubereiten. Dazu gehört es auch, Anregungen aufzugreifen und die Veranstaltung auf das Programm der Einrichtung abzustimmen, an der sie tätig sind. Dabei müssen sie „auf dem neuesten Stand" sein.

Lehre und Beratung: Lehre in der Erwachsenenbildung umfasst ein breites Spektrum, das weit in andere Aktivitäten hineinreicht. Eine große, immer wichtiger werdende Rolle spielt dabei die Beratung der Lernenden. Dies hängt mit der Zunahme moderierender Lehrmethoden mit dem Ziel der „Selbststeuerung" in der Weiterbildung zusammen, die auch ein wachsendes Maß an Selbststeuerungskompetenz der Lernenden erfordern – hier brauchen sie Beratung.

Werbung und Öffentlichkeitsarbeit: Vielfach sind die Lehrenden selbst aufgerufen, für ihre Angebote Werbung zu betreiben. Pflicht ist dabei die Formulierung des Angebots für das Programmheft, die mit der Organisation abzustimmen ist. Hinzu kommen mediale Werbung (Handzettel, Aushänge etc.) und die direkte Ansprache von potenziellen Teilnehmenden. Vielfach bringen Lehrende ihre „eigene" Klientel bereits als Teilnehmende mit ein.

Verwaltung und Organisation: Die Abrechnung, die Vorlage von Teilnahmenachweisen, die fristgerechte Abgabe von Ankündigungen, das Verschließen und Betreuen von Räumen, Ausleihe, sachgerechte Behandlung und Rückgabe von Medien – all dies gehört in den Bereich Verwaltung und Organisation. In der Regel entscheidet sich der Umfang dieses Tätigkeitsfeldes danach, wie zwischen nebenberuflichen Lehrenden und der Weiterbildungsorganisation die Zuständigkeiten ausgehandelt werden.

Auswertung und Reflexion: Die Auswertung sollte nicht nur evaluative Maßnahmen innerhalb der einzelnen Veranstaltung, sondern auch eine regelmäßige Gesamtanalyse und -reflexion umfassen. Dazu gehört es, die eigene Rolle zu überprüfen, regelmäßig die Ziele und Motive zu überdenken und sich der Legitimation seines lehrenden Handelns zu vergewissern. Stationen der eigenen Berufsbiografie sind dabei von Bedeutung.

Fortbildung: Alle Lehrenden räumen der Fortbildung zu Recht einen außerordentlich hohen Stellenwert ein. Der Schwerpunkt scheint dabei in den Bereichen fachbezogener Themen, fachspezifischer Unterrichtsmethoden und pädagogischer Probleme im Umgang mit Erwachsenen zu liegen. Vielfach wird beklagt, dass es zu wenig Fortbildungsangebote für Lehrende gibt und dass die Teilnahme an diesen Maßnahmen meist nicht vergütet wird.

Eine dritte Frage stellt sich immer wieder, wenn man eine Tätigkeit „nebenher" aufnimmt. Wie sind die Perspektiven? Viele Lehrende in der Erwachsenenbildung streben nur einen „nebenberuflichen" Status an; ein anderer Hauptberuf oder andere Lebensperspektiven dominieren. Ohne die große Zahl dieser Aktiven könnte Weiterbildung nicht existieren. Das Weitergeben von Kompetenzen, Erfahrungen, Kenntnissen und Wissen ist gerade in der Weiterbildung nicht an eine bestimmte Art von beruflichem Status gebunden. Viele Lehrende versuchen die nebenberufliche Tätigkeit als Einstieg in eine hauptberufliche Beschäftigung zu nutzen. Leicht ist dieser Weg nicht. Die Erwachsenenbildung mit einer relativ kleinen Zahl hauptberuflicher Positionen, verglichen mit der Zahl der Nebenberuflichen – man schätzt heute eine Relation von eins zu zehn –, ist ein fragiler, flexibler und immer wieder prekärer Bereich. Immer mehr hat sich in den letzten Jahren eine „hauptberufliche Nebenberuflichkeit" herausgebildet. Gemeint ist damit, dass selbstständige Erwachsenenbildner/innen, die kompetent sind in Lehre (Methoden, Didaktik) und einzelnen Fächern, für unterschiedliche Organisationen arbeiten. Vergleichbar ist dies mit beruflichen Situationen, wie sie im kulturellen und journalistischen Bereich schon seit langem existieren.

Wir können und wollen in diesem Buch zu diesen schwierigen Fragen der Professionalisierung sowohl individueller als auch gesellschaftlicher Art keine Antworten geben. Es lohnt sich jedoch, immer wieder auch darüber nachzudenken und zu diskutieren, wie die Professionalisierung der Erwachsenenbildung voranzubringen ist – weit über das hinaus, was eine Publikation wie diese zu leisten vermag.

Wenn Sie bei der Lektüre der folgenden Abschnitte die Antwort auf die eine oder andere Frage vermissen, dann bedenken Sie, dass dieser Text nur eine Hilfe geben kann, um sich in die Lehre Erwachsener hineinzufinden. Es gibt auf lokaler bzw. regionaler Ebene weitere Möglichkeiten, sich etwas von den personalen, sozialen und fachlichen Kompetenzen anzueignen, die für eine solche Tätigkeit dienlich sind. In Kapitel 2.1 finden Sie Adressen der Volkshochschul-Verbände, an die Sie sich wenden können, wenn Sie weitere Informationen benötigen. Gleiches gilt natürlich auch, wenn Sie einzelne Themen vertiefen wollen und Ihnen die hier gegebenen einführenden Aussagen nicht gründlich genug sind. Hier mag Ihnen die im Anhang zusammengestellte Literatur eine Orientierungshilfe sein. Wenn das so ist, wenn wir bei Ihnen das Interesse geweckt haben, sich weiter zu informieren und spezifischen Fragen weiter nachzugehen, dann ist schon eines der Ziele des vorliegenden Buches erreicht: Dann haben wir Sie bereits beim Einstieg in die Lehrtätigkeit unterstützt.

2. Organisation Volkshochschule

Gesellschaftliche Veränderungen, mit denen eine verstärkte Individualisierung, Mobilität und Flexibilisierung einhergeht, machen auch vor dem Weiterbildungssektor nicht halt. Sie führen sowohl auf der individuellen Seite der Kursleitenden zu einem veränderten Selbstverständnis als auch auf der Ebene der Organisation zu veränderten Strukturen und Umgangsformen. Die Volkshochschulen stehen dabei im Mittelpunkt der Diskussion, und zwar aus dreierlei Gründen:
- wegen ihrer quantitativen Bedeutung (bundesweit gibt es über 1.000 Einrichtungen),
- wegen ihrer qualitativen Bedeutung insbesondere für den Bereich allgemeiner Weiterbildung in Deutschland,
- wegen ihrer Bedeutung als jene Weiterbildungseinrichtungen, die im größten Umfang öffentlich (staatlich und kommunal) gefördert werden, eine öffentliche Aufgabe wahrnehmen und im bildungspolitischen Blickwinkel das tradierte Selbst- und Fremdverständnis öffentlicher Einrichtungen haben.

Für Volkshochschulen als öffentlich geförderte Weiterbildungseinrichtungen ist der Wandel der institutionellen Erwachsenenbildung gekennzeichnet durch
- eine steigende Konkurrenz anderer Anbieter auf dem Weiterbildungsmarkt,
- den (teilweise absoluten, durchweg aber relativen) Rückgang staatlicher und kommunaler Finanzierungsanteile,
- steigende Qualitätsansprüche der Teilnehmenden und der finanzierenden Instanzen,
- eine Differenzierung der Weiterbildungsansprüche und -motive,
- eine wachsende Sinn-, Zeit- und Geldkonkurrenz zu (Neuen) Medien und anderen Freizeitangeboten,
- einen steigenden Legitimationsbedarf für Annahme und Verwendung öffentlicher Gelder,
- eine steigende Notwendigkeit, sich unter Professionalitätsansprüchen auf dem Markt zu profilieren.

Angesichts dieser Veränderungen wächst der Anspruch an Volkshochschulen auf mehr Flexibilität bei gleichzeitiger Wahrung von Identität. Professionalitäts- und Qualitätsansprüche werden jedoch nicht nur an die Inhalte und das Programm, sondern auch an die Form, die ästhetische Gestaltung des Marktauftritts, die Kommunikationsfähigkeit mit den Kunden und die Serviceorientierung der

Institution und ihrer Beschäftigten gestellt. Die Kursleitenden an Volkshochschulen stehen damit im Fokus einer allgemeinen Professionalitäts- und Qualitätsdiskussion.

2.1 Organisation und Organisationsgeschichte

Volkshochschulen als kommunale Einrichtungen sind deutschlandweit in 16 Landesverbänden organisiert und im Deutschen Volkshochschul-Verband (DVV) als Dachverband zusammengeschlossen (siehe die Übersicht in Abb. 1). Der DVV stellt die bildungs- und verbandspolitische Vertretung auf Bundes- und auf europäischer Ebene dar, er entwickelt Grundsätze und Leitlinien, er fördert die Zusammenarbeit der Mitglieder und die Qualität der erwachsenenpädagogischen Arbeit und der internationalen Kooperation. Zusammen mit dem Institut für Internationale Zusammenarbeit werden weltweit Entwicklungsprojekte im Bereich der Erwachsenenbildung durchgeführt. Der DVV ist weiterhin beteiligt im Adolf Grimme Institut – Gesellschaft für Medien, Bildung, Kultur mbH, das den renommierten deutschen Adolf Grimme Preis für hervorragende Fernsehproduktionen vergibt, und er ist Mitglied im Deutschen Institut für Erwachsenenbildung (DIE e. V.)

Ein weiteres Fachinstitut der Volkshochschulen ist die Weiterbildungs-Testsysteme GmbH (WBT), die sich auf Sprachprüfungen – speziell auf die europäischen Sprachenzertifikate – spezialisiert hat. Ein europäischer Referenzrahmen für Fremdsprachen sorgt dabei für vergleichbares Sprachenlernen auf einheitlich anerkannten Niveaus, ebenso wie der Europäische Computerpass Xpert, der für den EDV-Bereich entwickelt wurde, und andere berufsbezogene Zertifikate. Darüber hinaus erstellt das Deutsche Institut für Erwachsenenbildung (DIE) in Bonn, das sich mit Fragen der Wissenschaft und Praxis der Erwachsenenbildung beschäftigt, als Service die jährlich erhobene bundesweite Volkshochschul-Statistik.

Volkshochschulen stehen für einen ganz bestimmten Typ von Weiterbildungseinrichtungen in öffentlich geförderter Verantwortung in Deutschland. Ihre Kurse und Veranstaltungen zu Gesundheitsbildung, Sprachen, beruflicher und sozialer Kompetenz, Freizeit und Kultur oder auch zum Nachholen von Schulabschlüssen und versäumter Grundbildung (Alphabetisierung) werden jährlich von ca. neun Millionen Teilnehmenden besucht. Als traditionsreiche Bildungseinrichtung mit Wurzeln bis in die Weimarer Republik und ideengeschichtlich den skandinavischen Volksbildungseinrichtungen Grundtvigscher Prägung nahestehend, ist sie im internationalen Vergleich jedoch in Organisationstiefe und -breite eine einmalige Institution.

Abbildung 1: DVV: Aufgabe und Mitglieder

Die wichtigste Aufgabe...
... des Deutschen Volkshochschul-Verbands e. V. (DVV) ist die bildungs- und verbandspolitische Vertretung der Volkshochschulen und der Volkshochschul-Landesverbände auf Bundes- und europäischer Ebene. Der DVV fördert die Zusammenarbeit und den Erfahrungsaustausch der Mitglieder, entwickelt Grundsätze und Leitlinien, er fördert die Qualität der erwachsenenpädagogischen Arbeit und der internationalen Zusammenarbeit.

- Bundesgeschäftsstelle des Deutschen Volkshochschul-Verbands, Bonn
  Telefon: 0228/9 75 69-0, Telefax: 0228/9 75 69 30
  http://vhs-dvv.server.de

Mitglieder des DVV:

- Volkshochschulverband Baden-Württemberg e. V,
  Leinfelden-Echterdingen
  Telefon: 0711/7 59 00-0, Telefax: 0711/7 59 00 41
  www.vhs-bw.de

- Bayerischer Volkshochschulverband e. V.,
  München
  Telefon: 089/5 10 80-0, Telefax: 089/5 02 38 12
  www.vhs-bayern.de

- Berliner Senatsverwaltung für Schule, Jugend und Sport – Abt. VIII – Weiterbildung
  Telefon: 030/90 26-52 49, Telefax: 030/90 26-50 02
  www.sensjs.berlin.de

- Brandenburgischer Volkshochschulverband e. V.,
  Brandenburg/Havel
  Telefon: 03381/52 23 04, Telefax: 03381/20 14 96
  http://vhs-brandenburg.server.de

- Landesausschuss der Volkshochschulen des Landes Bremen
  Telefon: 0421/3 61-36 66, Telefax: 0421/3 61 32 16
  www.vhs-bremen.de

- Freie und Hansestadt Hamburg – Landesbetrieb Hamburger Volkshochschule
  Telefon: 040/4 28 41-27 64, Telefax: 040/4 28 41-15 23
  www.vhs-hamburg.de

- Hessischer Volkshochschulverband e. V.,
  Frankfurt/Main
  Telefon: 069/56 00 08-0, Telefax: 069/56 00 08 10
  http://vhs-hessen.server.de

- Volkshochschulverband Mecklenburg-Vorpommern e. V., Schwerin
  Telefon: 0385/3 03 15 50, Telefax: 0385/3 03 15 55
  www.vhs-verband-mv.de

- Landesverband der Volkshochschulen Niedersachsens e. V., Hannover
  Telefon: 0511/3 48 41-0, Telefax: 0511/3 48 41 25
  www.vhs-nds.de

- Landesverband der Volkshochschulen von Nordrhein-Westfalen e. V., Dortmund
  Telefon: 0231/9 52 05 80, Telefax: 0231/9 52 05 83
  http://vhs-nrw.server.de

- Verband der Volkshochschulen von Rheinland-Pfalz e. V., Mainz
  Telefon: 06131/2 88 89-0, Telefax: 06131/2 88 89 30
  www.vhs-verband-rp.de

- Verband der Volkshochschulen des Saarlandes e. V., Saarbrücken
  Telefon: 0681/3 66 60 u. 3 66 80, Telefax: 0681/3 66 10
  E-Mail: vhs-saar@t-online.de

- Sächsischer Volkshochschulverband e. V., Chemnitz
  Telefon: 0371/3 54 27 50, Telefax: 0371/3 54 27 55
  www.vhs-sachsen.de

- Landesverband der Volkshochschulen Sachsen-Anhalt e. V., Magdeburg
  Telefon: 0391/73 69 30, Telefax: 0391/73 69 399
  www.vhs-st.de

- Landesverband der Volkshochschulen Schleswig-Holsteins e. V., Kiel
  Telefon: 0431/9 79 84-0, Telefax: 0431/9 66 85
  www.vhs-sh.de

- Thüringer Volkshochschulverband e. V., Jena
  Telefon: 03641/62 09 76, Telefax: 03641/62 09 78
  www.vhs-th.de

In der Reichsverfassung von 1919 wurde die Förderung des Bildungswesens, einschließlich der Volkshochschulen, erstmals gesetzlich verankert. Spezifische Ausprägungen und unterschiedliche Entwicklungen einzelner Volkshochschulen sowie insgesamt der Erwachsenenbildung auf Länderebene sind heute nur vor dem Hintergrund der Kulturhoheit der Länder und der je lokalen, situativen und personenabhängigen Entwicklungsgeschichte der jeweiligen Institution erklärbar. Unterschiedlich stark ausgebaut sind auch die Professionalitäts- und die Organisationsentwicklung der einzelnen Landesverbände. Generell stellt die Volkshochschule die kommunal verantwortliche Institution für Weiterbildung dar, die in enger Nähe zur jeweiligen Kommune „Bildung für alle" anbietet. Je nach Trägerkonstruktion (privater Verein, kommunales Amt, Eigenbetrieb oder GmbH) hat sich auch die Notwendigkeit zu wirtschaftlicher Selbstständigkeit und entsprechender Organisationsentwicklung unterschiedlich stark entwickelt. Angesichts der eigenen Institutionsgeschichte steigt für die Volkshochschule die Notwendigkeit, weiter professionelles Profil zu entwickeln:

- Viele Volkshochschulen haben sich seit Anfang der 1970er Jahre betriebsförmig ausdifferenziert.
- Die eigene Ausdifferenzierung führt auch dazu, dass die Bezüge zu übergeordneten Großorganisationen (Verband oder Kommune) als identitätsstiftende Einheit einen veränderten Stellenwert erhalten.
- Die Vervielfältigung von Anbietern und Angeboten auf dem Weiterbildungsmarkt macht die Qualität und die Entwicklung professioneller Standards als Differenzierungsmerkmale wichtiger.

2.2 Marketing: Bildung als Ware

Gewachsene Forderungen nach sozialen, ethischen und humanitären Verhaltensweisen in der Arbeitswelt sowie Konzepte der beruflichen Bildung in Organisationen führen zu einer steigenden Anforderung an Weiterbildungseinrichtungen, pädagogisch beispielhaft zu agieren. In Reaktion auf die veränderten gesellschaftlichen Bedingungen und Ansprüche haben Volkshochschulen in den letzten Jahren unterschiedliche Wege gefunden, sich als professionelle Institutionen auf dem Bildungsmarkt zu profilieren; sie begannen,

- sich an neuen Steuerungsmodellen und Finanzierungsverfahren unter Wirtschaftlichkeitsgesichtspunkten zu orientieren,
- eigenständige Marketingkonzepte zu entwickeln,
- Corporate Identity aufzubauen,
- Verfahren von Organisationsentwicklung anzuwenden,
- Qualität und Professionalität im Angebotsbereich auszuweisen und entsprechend Personalentwicklung und Qualitätssicherungsverfahren (Zertifizierung) einzuführen.

So sind die einzelnen Institutionen wie auch die Landesverbände heute größtenteils in ein (auch europäisch anerkanntes) Qualitätssicherungs-Anerkennungsverfahren wie z. B. LQW, ISO oder EFQM (siehe Abb. 2) einbezogen. Auf Landesverbandsebene hat sich darüber hinaus die Vergabe eigenständiger Prüf-/ Gütesiegel für Weiterbildungsanbieter entwickelt oder es haben sich die Anbieter – wie z. B. in Hamburg – auf freiwilliger Basis in einem der Transparenz der Bildungsangebote dienenden Verbund mit lokalem Gütesiegel zusammengeschlossen (WISY – Weiterbildungsinformationssystem). Diese nach jeweils drei bis vier Jahren neu zu erbringenden Qualitätsnachweise ermöglichen innerhalb der Bildungseinrichtungen den Aufbau von einheitlichen Qualitätsstandards z. B. bei Verfahrensabläufen sowie eine Markenbildung und Vergleichbarkeit untereinander. Gegenüber den Teilnehmenden bzw. nach außen ermöglichen sie einen Qualitätsnachweis, bezogen auf die Unterrichtsstandards, die Qualifikation der Lehrenden, das Bemühen um Kundenzufriedenheit etc.

Abbildung 2: Bundesweite Qualitätsmanagement-Modelle

LQW – Lernerorientierte Qualitätstestierung in der Weiterbildung: ein vom ArtSet Institut, Hannover, speziell für den Weiterbildungsbereich entwickeltes und vom DIE fortentwickeltes Qualitätsmodell, das ausgehend von einer Definition von „gelungenem Lernen" die beiden Aspekte Selbst- und Fremdevaluation durch die Testierungsbestandteile Selbstreport und externe Begutachtung verbindet.

ISO 9000:2000 – Von der „International Standardization Organisation" entwickelte, international anerkannte Normenreihe, vom produzierenden Sektor Ausweitung auf den Dienstleistungsbereich; Ziel ist die Zertifizierung des anhand des Normanforderungskatalogs aufgebauten Qualitätsmanagementsystems.

EFQM – „European Foundation for Quality Management": Die Abkürzung steht stellvertretend für das Qualitätsmanagementmodell; Fokus des Modells ist die Selbstbewertung anhand eines Leitfadens.

(Quelle: Hartz/Meisel 2004, S. 72 ff., 126)

Auffällig ist, dass die Non-Profit-Einrichtung Volkshochschule gegenüber stärker profitorientierten privaten Weiterbildungsanbietern dem gesellschaftlichen Wandel relativ spät mit einem spezifischen Bildungsmarketing Rechnung trägt. Sie gerät erst auf Grund der Wandlungsprozesse seit Beginn der 1990er Jahre verstärkt als betriebsförmige Institution in den Blick sowohl der Leitungen als auch der Beschäftigten. Die Identität der Volkshochschule ist vielfach geprägt durch eine ideelle und normative Aufladung und die Gebundenheit an die eigene Institutionengeschichte. Dies hat häufig auch zu einer problematischen und verspäteten Übernahme marketing-orientierter Fragestellungen in den Non-Profit-Bereich Weiterbildung geführt. Emotional aufgeladene Grundsatzdiskussionen betreffen u. a. die Fragestellung, ob das hohe Gut Bildung eine Ware ist wie jedes andere Konsumgut auch.

Die Bezeichnung von Bildung als (Konsum-)Produkt oder Ware wurde im Volkshochschul-Bereich vielfach kontrovers diskutiert und überwiegend abgelehnt. Dies hat nicht nur mit einer mentalitätsmäßigen Abwehr zu tun, den hehren Bildungsbegriff als betriebswirtschaftliches Produkt mit Produkthaupt- und -nebenleistungen zu denken. Auch Ressentiments gegenüber der Reduktion eines pädagogischen Konzepts auf Kernbegriffe eines neuen betriebswirtschaftlichen Paradigmas (Teilnehmende = Kunden) spielen mit hinein. Zudem hat es offensichtlich mit den Charakteristika von Bildung zu tun, dass es schwer ist, Produkteigenschaften zu erfassen. Bildung entsteht in den Teilnehmenden, d. h., im Prinzip hat jedes Bildungsprodukt Unikatcharakter, ist individuell und prinzipiell nicht wiederholbar. Da die Kunden am Zustandekommen des Produkts beteiligt sind, erwerben sie mit dem Kauf eines Kurses auch nicht ein fertiges Produkt, jedoch das Recht, unter gewissen standardisierbaren qualitativen Bedingungen an seinem Entstehen beteiligt zu sein. Die Individualität und Prozessualität der Entstehung eines Bildungsprodukts (z. B. im Rahmen eines Italienisch-Kurses) bezieht sich auch auf einen Erwartungshorizont, einen individuellen Nutzen. Denn das Urteil über das Produkt und seine Haltbarkeitsdauer hängt von individuellen Qualitäts- und Werteurteilen ab. Darüber hinaus gilt Bildung als Wert an sich und beinhaltet das gesellschaftliche Recht der Teilhabe aller.

Mittlerweile ist jedoch ein zunehmend entspannter Umgang beim Transfer des Instrumentariums der Betriebswirtschaftslehre auf den Bildungsbereich zu verzeichnen. Die neue Anforderung an die Qualität erwachsenenpädagogischen Handelns besteht in der Notwendigkeit zum Perspektivwechsel und zur Kombination der grundsätzlich unterschiedlichen Zielsetzungen von betriebswirtschaftlichen und pädagogischen Fragestellungen, auch bezogen auf die einzubringenden Qualifikationen sowohl der hauptberuflichen pädagogischen Mitarbeiter/innen als auch der Kursleitenden.

Zusammenfassend kann für die ideen- und institutionsgeschichtliche Entwicklung von Volkshochschulen festgestellt werden, dass aktuelle Auseinandersetzungen über Volkshochschul-Arbeit heute viel mehr als früher geprägt sind von organisatorischen und Wirtschaftlichkeitsfragen. Demgegenüber treten Selbstverständnisfragen der inhaltlichen Angebotsentwicklung und Fragen der pädagogischen Umsetzung in den Hintergrund. Dies ist auch deutlich an den Themen der Tagungen verbandlicher und eigenständiger Volkshochschul-Arbeitskreise der letzten Jahre abzulesen und damit auch ein wahrnehmbares Bild eines aktuellen Selbstverständnisses von Volkshochschule als öffentlicher Institution.

2.3 Kursleitende in Prozessen der Organisationsentwicklung

Lehrende werden im Volkshochschulbereich meist als Kursleiter/innen bezeichnet. Je nach Entwicklungsstand der Institution können Kursleiter/innen aktiv oder auch passiv eine Rolle bei organisationalen Veränderungsprozessen und Zieldefinitionen spielen, z. B. bei der Kundenorientierung der Institution und bei ihrem Marktauftritt.

Unter organisationalem Lernen wird ganz allgemein die Fähigkeit einer Organisation zur flexiblen Anpassung an veränderte Umweltbedingungen verstanden, nicht nur in reaktiver Anpassung, sondern auch in einem gestalteten Lernprozess. Dabei verläuft das Lernen individuell, und es muss, bezogen auf die Organisation und auch bezogen auf die Unternehmenskultur, z. B. in Form von Personalentwicklung, umgesetzt werden. Das bedeutet, die angestrebte flexible Sensibilität, die etwa im Umgang mit neuen Kunden vonnöten ist, ist zunächst einmal innerhalb der Organisation zu entwickeln. Der institutionellen Kommunikation mit den Kursleitenden wird in allen organisationsbezogenen Konzepten und Ansätzen ein bedeutender Stellenwert eingeräumt. Gemeinsamer Nenner dieser Ansätze (wie z. B. von Corporate Identity, Marketing, Organisationsentwicklung, Personalentwicklung oder des Konzepts der ‚lernenden Organisation') ist der Bezugspunkt „Organisation insgesamt". Zielsetzung, Ausgangspunkt und Verfahren sind jedoch verschieden:

So stehen z. B. bei der Corporate Identity die Organisation und das Zusammenwirken der Personen im Mittelpunkt, beim Marketing eher die Produkte und die Produktivität und damit die Marktbezogenheit der Organisation. Aus der Sicht des Corporate-Identity-Konzepts erscheint die Unternehmensphilosophie oder auch das Leitbild als Voraussetzung und Anfangspunkt für Konzepte von Organisationsentwicklung, Personalentwicklung oder Marketingkommunikation. Corporate Identity verbindet Prozesse der Zielfindung von Einrichtungen, der Personalentwicklung und Fortbildung, der Revision von Organisationsstrukturen und der zielorientierten Überprüfung von Aufgaben und Produkten. Dies liegt zum einen an der engen Verbindung von Fragen des organisationalen Selbstverständnisses mit einem institutionellen Erscheinungsbild, zum anderen an der Möglichkeit, eine Identität der Einrichtung mit allen Beteiligten zu entwickeln und damit deren Profil entscheidend zu schärfen. Der Corporate-Identity-Ansatz bezieht sich im Wesentlichen auf die institutionelle Kommunikation nach innen und nach außen, auf das Verhalten und die Erscheinung der Organisation, verstanden als lebendiger Ausdruck einer gelebten Organisationsphilosophie. Daher ist es von Bedeutung, inwieweit bereits bei der Entwicklung einer definierten Unternehmensphilosophie und bei der Formulierung des Leitbilds der Institution die Kursleitenden unmittelbar oder mittelbar (über eine Kursleiter-Vertretung) mit ihren Interessen an der Formulierung von Grundsätzen beteiligt werden. Gerade für Weiterbildungseinrichtungen stellt die kritische Evaluation der internen Kommunikation, verbunden mit einem Corporate-Identity-Prozess, einen mit humanistischen Bildungszielen kompatiblen Weg der Organisationsentwicklung dar, da er auf diskursive Kommunikation und die in der Organisation beteiligten Menschen setzt.

Je nach Strategie und Ziel haben Volkshochschulen mit unterschiedlicher Schwerpunktsetzung die eigene Organisationsentwicklung begonnen und dabei vielfach Akzente in der institutionellen Selbstdarstellung, im öffentlichen Auftritt unter Gesichtspunkten des Corporate Design gesetzt (neues Logo, neues Layout), aber auch bezogen auf den Umgang mit Kursleitenden und Teilnehmenden als Kunden neue Professionalitätsmerkmale definiert. Die Kursleitenden selbst sind meist die wichtigsten Multiplikatoren einer zielorientierten Umsetzung von Organisationsveränderungen im Hinblick auf den direkten Kontakt und die direkte Kommunikation mit den Teilnehmenden.

Aus der Sicht der Organisation sind sie diejenigen, die für die notwendige Veränderung einer angebotsorientierten Marketingstrategie zu einer kundenorientierten Marketingstrategie den notwendigen „Transmissionsriemen" in der Kommunikation und vor allem auch im veränderten Verhalten darstellen. Unter dem Gesichtspunkt einer institutionellen Kommunikationsstruktur rücken die Kursleitenden dabei in eine vermittelnde Zwischenrolle, bezogen auf die Nähe zur Institution (siehe Abb. 3, S. 32). Aus Sicht der Volkshochschule kann durch die Integration der Kursleitenden ein entscheidender Synergieeffekt beim Finden von Leitbildern erreicht werden.

Diese Erkenntnis hat dazu geführt, dass Volkshochschulen die „Ressource Kursleitende" insgesamt bewusster und differenzierter sehen und in Planungs- und Veränderungsprozesse einbeziehen.

3. Lehrende

Die Gruppe der Lehrenden (im Volkshochschulbereich i. d. R. als „Kursleitende" oder „Dozent/inn/en" bezeichnet) ist in mehrfacher Hinsicht heterogen. Es gibt sowohl nebenberufliche als auch freiberufliche Mitarbeiter/innen, ein geringer Teil ist als hauptberuflich Lehrende und meist nur zeitlich befristet für bestimmte Bildungsprojekte tätig. Diejenigen, die freiberuflich tätig sind, arbeiten oft für unterschiedliche Anbieter. Ihre formalen Qualifikationen haben sie nur zum Teil in pädagogischen Berufen erworben. Häufig sind ihre fachbezogenen Qualifikationen und Kompetenzen für die Tätigkeit in der Weiterbildung ausschlaggebend. Dabei kann es sich beispielsweise um muttersprachliche Kompetenzen, um ausgewählte fachliche Qualifikationen oder auch um einen spezifischen Erfahrungshintergrund handeln. Doch bei aller Unterschiedlichkeit: Befragt man Lehrende nach ihren Vorstellungen darüber, welches die wichtigsten Voraussetzungen für eine erfolgreiche Kursleitertätigkeit sind, sind sie sich weitestgehend einig: Fachwissen, pädagogische Kompetenz, Berufserfahrung und Lebenserfahrung.

Für die Weiterbildungseinrichtungen sind die Lehrenden von besonderer Bedeutung, denn sie sind es, die die Einrichtung gegenüber den Lernenden repräsentieren. Von der Art und Weise, wie sie ihre pädagogische Rolle ausgestalten und wie es ihnen gelingt, den Teilnehmenden erfolgreiches Lernen zu ermöglichen, hängt letztlich der Erfolg der Weiterbildungseinrichtung ab.

Weiterbildungseinrichtungen bemühen sich in den letzten Jahren verstärkt um die Qualität ihrer Arbeit (siehe auch Kap. 2). Für die Herstellung von Qualität spielen die neben- und freiberuflichen Mitarbeitenden eine ganz entscheidende Rolle. Deshalb stellen die Einrichtungen an ihre Mitarbeitenden auch entsprechende Anforderungen (vgl. Kap. 3.3 und 3.4). Im Regelfall sind ein akademischer oder beruflicher Abschluss und im Zusammenhang damit die fachliche Qualifikation nachzuweisen. Gefragt wird nach den pädagogischen Erfahrungen in der Weiterbildung. Zunehmend bedeutsam sind medienpädagogische und/oder Beratungskompetenzen. Vorausgesetzt wird sowohl die Bereitschaft, die eigene pädagogische Arbeit kritisch zu reflektieren, als auch ein Interesse an Fortbildungen. Viele Einrichtungen legen Wert auf eine nachgewiesene erwachsenenpädagogische Grundqualifizierung. Es ist üblich, dass sich die Lehrenden in einem Gespräch mit den Mitarbeitenden der Einrichtung, die für die Programmplanung zuständig sind, vorstellen.

3. Lehrende

3.1 Tätigkeitsfelder und Rollen

Die Tätigkeitsfelder von Lehrenden sind vielfältig und beschränken sich nicht allein auf die Unterrichtsaufgaben.

Zum *Marketing der eigenen Arbeitskraft* gehören Aktivitäten wie Bewerbungs- und Vorstellungsgespräche, die Profilierung als eigenständige „Lehrperson", das Entwickeln und Vertreten eines eigenen „Angebotsprofils" und dessen Abstimmung mit dem „Markt" der Einrichtungen. Vielfach sind die Lehrenden selbst aufgerufen, für ihre Angebote *Werbung* zu betreiben. Pflicht ist dabei die Formulierung des Angebots für die Öffentlichkeitsarbeit der Einrichtung. Thema, Inhalte, Struktur, Methoden, Lernorganisationsform und Lernvoraussetzungen müssen präzise und verständlich beschrieben werden. Erwartet wird auch das Mitwirken bei Verwaltungs- und Organisationsarbeiten. Die Abrechnung, die Vorlage von Teilnahmenachweisen, die fristgerechte Abgabe von Ankündigungstexten, das Verschließen und Betreuen von Räumen, Ausleihe, sachgerechte Behandlung und Rückgabe von Medien – all dies gehört in den Bereich *Verwaltung* und *Organisation*. Auch wenn heute immer weniger von „Lehre" gesprochen wird, wird in zahlreichen Weiterbildungsangeboten „Lehre" betrieben. Dies ist in erster Linie in solchen Angeboten der Fall, die eine Aneignung von neuem Wissen zum Ziel haben und auf Abschlüsse und Zertifikate vorbereiten.

Konzeption und Planung bedeutet für Weiterbildner/innen, das Lehrangebot systematisch sowie fachlich und didaktisch professionell vorzubereiten. Dazu gehört es, eine Vorstellung von der Zielgruppe und ihren Voraussetzungen und Interessen zu entwickeln, die Inhalte zu strukturieren und angemessene, aktivierende Methoden vorzusehen, den *Medieneinsatz* inhaltlich und organisatorisch zu planen und eine Auswahl unterstützender *Lernmaterialien* zu treffen. Dazu gehört es auch, Anregungen aufzugreifen und das Einzelangebot auf das umfassendere Programm der Weiterbildungseinrichtung abzustimmen.

Eine *gute Lehre* in der Weiterbildung unterscheidet sich in der Durchführung ganz entscheidend von der Lehrerrolle, die die meisten Kursleiter/innen bei ihrem eigenen schulischen Lernen noch erlebt haben. Die Interessen und Bedürfnisse der erwachsenen Lernenden müssen ermittelt und aufgegriffen werden. Die Weiterbildner/innen vermitteln zwischen den Lerninteressen und dem Lehrangebot. Dabei sind die Lernerfahrungen einzubeziehen, Hinweise zur Systematik des Lerngegenstandes zu geben, auch individuelle Interessen – soweit möglich – zu berücksichtigen. Unter Beachtung der Gruppenstrukturen soll ein anregendes Lernklima hergestellt werden. Gerade bei abschlussbezogenen Angeboten sind frühzeitig Möglichkeiten zu schaffen, den Lernstand im Verhältnis zu den Anforderungen zu erkennen.

Lehrende haben in Lernarrangements die Aufgabe, zu moderieren. Die *Moderation* unterstützt die Lerngruppe bei der Festlegung der Lerninhalte, bei der Strukturierung und der Ergebnissicherung. Ein/e gute/r Moderator/in verfügt über eine fundierte methodische Ausbildung, die es ihr/ihm ermöglicht, die Eigenaktivitäten der Teilnehmenden anzuregen und sicherzustellen, dass auch Einzelmeinungen berücksichtigt werden.

Eine immer größere Rolle in der Weiterbildung spielt die *Beratung der Lernenden*. Hierzu gehört es, Hinweise auf Aneignungsmethoden zu geben, zusätzliche Lernmittel (z. B. Bücher, Software, Materialien) bereitzustellen, Lerndiagnosen zu unterstützen und die Lernenden bei der Sicherung ihres Lernfortschrittes und ihrer weiteren Planungen zu beraten. Hinweise auf unterschiedliche Aneignungsmethoden helfen oft bei der Reflexion von Lernschwierigkeiten.

Die *Auswertung* sollte nicht nur evaluative Maßnahmen innerhalb der einzelnen Kurse, sondern auch eine regelmäßige Gesamtanalyse und -reflexion umfassen (vgl. hierzu Kap. 7). Dazu gehört es, die eigene Rolle zu überprüfen, regelmäßig die Ziele und Motive zu überdenken, die eigene Lerngeschichte zu reflektieren und sich der Legitimation seines pädagogischen Handelns zu vergewissern.

Das *eigene Weiterlernen* der Lehrenden gewinnt, bei veränderten Anforderungen an die pädagogische Rolle, einen hohen Stellenwert. Das größte Fortbildungsinteresse scheint bei den fachbezogenen Themen und in den Bereichen Methoden und Umgang mit pädagogischen Problemen zu liegen. Vielfach wird beklagt, dass es zu wenig Fortbildungsangebote für Lehrende gibt und dass die Teilnahme an diesen Maßnahmen zu teuer ist und meist nicht vergütet wird.

3.2 Status und Rechtsfragen

Lehrtätigkeit in der Erwachsenen- und Weiterbildung erfolgt zu einem großen Anteil neben dem Beruf, freiberuflich oder ehrenamtlich. Die hauptberuflich und unbefristet eingestellten „Weiterbildungslehrenden", wie sie in den 1970er Jahren in Ausbauplänen der Weiterbildung postuliert wurden, gibt es nur sehr begrenzt in einzelnen Feldern, etwa bei Sprachkursen oder bestimmten berufsbezogenen Bildungsgängen. Die Zahl der „festen" Stellen in der Weiterbildung blieb seit Jahrzehnten – trotz dynamischen Ausbaus des Bereichs – relativ konstant.

3. Lehrende

Die Unterschiede von nebenberuflich, freiberuflich und ehrenamtlich Lehrenden liegen zunächst in der Funktion der Lehrtätigkeit im jeweiligen Lebenszusammenhang.

- *Nebenberuflichkeit* setzt einen ausgeübten Hauptberuf voraus, mit dem die (bezahlte) Lehrtätigkeit abzugleichen – als Nebentätigkeit zu genehmigen, anzuzeigen, zu begrenzen – ist; dies gilt meist für Lehrerinnen und Lehrer aus dem Schulbereich, aber auch für betriebliche Ausbilder, Wissenschaftler und andere.
- *Freiberuflich* kann auch neben einem Hauptberuf gearbeitet werden, es kann sich aber auch um eine selbstständige Tätigkeit handeln. Hier existieren zwei Gruppen:
  - zum einen die *geringfügig Beschäftigten*, die nur ein oder zwei Veranstaltungen machen – meist in der Familienzeit,
  - zum anderen eine wachsende Zahl von *Freiberuflich-Selbstständigen*, die ihren Lebensunterhalt über die Kombination veranstaltungsbezogener Einzelverträge bestreiten.
- *Ehrenamtlich* ist die unbezahlte Lehrtätigkeit, wobei es nicht von Bedeutung ist, ob ein Beruf ausgeübt wird oder nicht.

Neben- und freiberuflich Tätige haben einen (in der Regel schriftlichen) Vertrag mit der Weiterbildungseinrichtung, der die Rechte und Pflichten der Partner regelt und ganz unterschiedlich aussehen kann. Im Prinzip regelt sich dieses Vertragsverhältnis nach dem Bürgerlichen Gesetzbuch (BGB). Die ehrenamtlich Tätigen haben in der Regel keinen schriftlichen Vertrag, sondern arbeiten auf der Basis von mündlichen Vereinbarungen, die natürlich ebenfalls Verträge im Sinne des BGB sind.

Ein arbeits- und sozialversicherungsrechtlicher Schutz der nebenberuflich, freiberuflich und ehrenamtlich Lehrenden fehlt gegenwärtig. Ein besonderes Problem entstand 1999, als die Bundesversicherungsanstalt für Angestellte (BfA) feststellte, dass die selbstständigen Dozent/inn/en ihrer Rentenversicherungspflicht kaum nachgekommen waren.

Das Gesetz zur Scheinselbstständigkeit (Gesetz zu Korrekturen in der Sozialversicherung und zur Sicherung der Arbeitnehmerrechte v. 19.12.1998) brachte große Probleme für die Weiterbildungsinstitutionen und für die dort tätigen Dozent/inn/en. Die im Gesetz verlangte Grenzziehung zwischen selbstständigen und abhängig beschäftigten (d. h. scheinselbstständigen) Lehrkräften ist äußerst schwierig. Als selbstständig gilt, wer frei über Art, Zeit und Ort der Tätigkeit bestimmt, unabhängig von der Organisation des Arbeitgebers ist, sich auf reine Unterrichtstätigkeit beschränkt, nach Stunden bezahlt wird und einige andere

Kriterien erfüllt (vgl. Steinweg 1999). Als Abgrenzung dienen vor allen Dingen die Umstände, die zu einer selbstständigen Tätigkeit führen.

> Nach der Rechtsprechung des Bundessozialgerichts und des Bundesarbeitsgerichts ist allein die persönliche Abhängigkeit entscheidend für die Feststellung der abhängigen Beschäftigung im sozialversicherungsrechtlichen und arbeitsrechtlichen Sinne. Selbstständigkeit ist danach unabhängig von Weisung und Eingliederung in den Betrieb. Daneben gibt es die arbeitnehmerähnlichen Selbstständigen (§ 2 Nr. 9 SGB VI).

Die Rechtsprechung hat für diese Bereiche eine typisierende Betrachtung übernommen, wobei die Vertragsgestaltung über die Statusbeurteilung entscheidet. Dabei ist besonders die Weisungsunabhängigkeit ein schwer zu definierender Begriff.

Die Einbeziehung selbstständiger Mitarbeiter/innen in die Programmplanung ist unter diesem Gesichtspunkt nur schwer möglich, weil der Status der Selbstständigkeit mit den Regulierungsinteressen des Arbeitgebers kollidieren kann. Dazu müssen besondere Anforderungen an die selbstständigen Mitarbeiter/innen in spezifischer Weise als „integrierte Dienstleistung" in den Honorarvertrag aufgenommen werden. Abstimmungsbedarf besteht bezogen auf die Weisungsgebundenheit hinsichtlich des Inhalts der Tätigkeit, der Festlegung der Arbeitszeiten, des Maßes der Einflussnahme auf die Unterrichtsgestaltung, der Einbindung in eine Organisation, der zeitlichen Inanspruchnahme.

3.3 Lehrende an Volkshochschulen

Volkshochschulen realisieren ihre Angebote nahezu ausschließlich mit freiberuflichen Lehrkräften: Im Jahr 2002 waren bundesweit 197 Tsd. freie Mitarbeitende an Volkshochschulen tätig, davon 62 % Frauen, die im Durchschnitt 2,8 Kurse durchgeführt haben. Diese Durchschnittszahl verdeckt, dass die Kursleitenden eine sehr heterogene Gruppe darstellen und ihr Tätigkeitsumfang im Einzelnen stark differiert (siehe Kap. 3.1). Außerordentlich unterschiedlich sind auch die Ausbildungs- und Berufshintergründe der Kursleitenden.

Der Volkshochschul-Statistik für das Arbeitsjahr 2002 ist zu entnehmen, dass ausgebildete Lehrerinnen und Lehrer mit einem Anteil von 15 % eher eine Minderheit unter den Kursleitenden darstellen. Trägt man der Tatsache Rechnung, dass davon nur die Hälfte ihren Beruf auch ausübt, sind lediglich 7,6 % der Kursleitenden Lehrer/innen, die die Volkshochschul-Tätigkeit im Nebenamt zum Schuldienst ausüben.

3.3.1 Arbeitsbedingungen

Mit den Verträgen über freie Mitarbeit, die pro Veranstaltung und semesterweise abgeschlossen werden, sind bestimmte Leistungsverpflichtungen hinsichtlich der formalen Abwicklung organisatorischer Fragen verbunden, aber auch Supportangebote seitens der Volkshochschule, die auf die Einbindung der Kursleitenden in die Einrichtung zielen (vgl. Kap. 2.3). Zur Frage der Honorierung lassen sich keine verallgemeinernden Aussagen machen, denn bundesweit existiert hier eine große Variationsbreite. Zwar haben die meisten Volkshochschulen bestimmte Standardsätze, Abweichungen nach oben oder unten sind jedoch die Regel. Teilweise werden für neue Kursleitende ohne Lehrerfahrung Einstiegshonorare gezahlt, teilweise wird die Honorarhöhe gestaffelt nach Qualifikation und Beschäftigungsdauer, häufiger nach Programm- oder Fachbereichen oder nach der Niveaustufe innerhalb der Fächer; darüber hinaus gibt es oft auch Spielraum für Einzelvereinbarungen bei außergewöhnlichen Angeboten. Manche Volkshochschulen, besonders im ländlichen Raum, bieten generell oder im Einzelfall auch Fahrtkostenzuschüsse an oder Erstattungen für Materialauslagen. Nur sehr wenige Volkshochschulen zahlen ihren Kursleitenden einen Zuschuss zu den Sozialversicherungsabgaben, die sie als Freiberufliche selbst zu leisten haben. Diese Tatsache sowie der Umstand, dass die Kursleitenden das Risiko von Krankheit und Kursausfall (bei zu geringen Anmeldezahlen) tragen und auf Grund der Semestereinteilung in der Regel auch mit längeren veranstaltungsfreien Zeiten zurechtkommen müssen, ist ein Problem für die Gruppe derjenigen, die ihren Lebensunterhalt als freiberufliche Kursleitende verdienen wollen oder müssen.

3.3.2 Professionalisierung und Qualifikation

Die Veränderungen der Rahmenbedingungen und der institutionellen Anforderungen an Volkshochschulen (vgl. Kap. 2) haben deutliche Auswirkungen auf die Kursleitenden, ihre Arbeitsbedingungen und die Zusammenarbeit mit der Einrichtung. Entscheidende Faktoren sind dabei die Professionalitäts- und Qualitätsstandards sowie die verstärkte Marktorientierung und die Notwendigkeit, dass Volkshochschulen sich bei sinkenden öffentlichen Zuschüssen neue und zusätzliche Finanzierungsmöglichkeiten erschließen müssen. Die Qualifikationsanforderungen, die Volkshochschulen an ihre Kursleitenden stellen, variieren je nach Fachgebiet, nach dem jeweiligen Einsatzbereich sowie nach dem Weiterbildungsumfeld und dem regionalen „Lehrkräfte-Markt". Doch lässt sich insgesamt feststellen, dass die Anforderungen in den vergangenen Jahrzehnten kontinuierlich gestiegen sind. So ist der nachgewiesene Expertenstatus in Hinblick auf das zu unterrichtende Thema eine selbstverständliche, zumeist aber nicht hinreichende Voraussetzung für einen Einsatz an der Volkshochschule. Gewünscht werden darüber hinaus didaktische Kompetenzen und möglichst auch praktische Erfahrungen in der Weiterbildung, zumindest aber soziale und kommunikative Kompetenzen, die erkennbare Anknüpfungspunkte für eine erfolgreiche Aneignung der erwachsenenpädagogischen Unterrichtsstandards im jeweiligen fachlichen Angebotsbereich bieten. Dazu gehört auch die Fähigkeit des Umgangs mit den für Volkshochschulen typischen heterogenen Kursgruppen, in denen die Kursleitenden aus unterschiedlichen Teilnehmeransprüchen, Lernerwartungen und Zielsetzungen eine produktive Lernsituation schaffen müssen (vgl. auch Kap. 5.3).

Die Entwicklung von Standards sowie die Beschreibung von Qualifikationsprofilen für Kursleitende gewinnen für Volkshochschulen aus verschiedenen Gründen an Bedeutung. Einrichtungen, die sich nach einem der im Weiterbildungsbereich anerkannten Verfahren zertifizieren lassen (vgl. Kap. 2), verpflichten sich damit auf die Festlegung und Überprüfbarkeit von Qualitätsnormen in Bezug auf ihre Veranstaltungen und ihr Lehrpersonal als zentrale Elemente ihrer Qualitätsentwicklung. Doch auch ohne ein formelles Zertifizierungsverfahren ist die Beschäftigung qualifizierten Lehrpersonals ein wichtiger Baustein in dem Bemühen, das traditionelle Image der Volkshochschule als eines zwar vielseitigen, aber nicht wirklich qualifizierten und (auch beruflich) qualifizierenden Anbieters zu korrigieren. Wo es über die offenen Angebote hinaus um die Akquisition von Auftragsmaßnahmen und drittmittelfinanzierten Projekten geht, ist der Einsatz nachweislich kompetenter Lehrkräfte ein entscheidender Erfolgsfaktor. So ist zum Beispiel in Kooperationsverträgen zwischen Volkshochschulen und Krankenkassen festgelegt, welche Voraussetzungen Kursleitende mitbringen müssen, damit ihre Kurse als Angebote der Gesundheitsprävention anerkannt werden können.

Dieser Prozess der Professionalisierung, der auch durch die Arbeit der Volkshochschul-Landesverbände unterstützt und vorangetrieben wird, verengt in der Praxis das Qualifikationsspektrum der Kursleitenden nicht, sondern erweitert es und differenziert es aus. Das hängt damit zusammen, dass sich Volkshochschulen angesichts verstärkter Konkurrenz auf dem Weiterbildungsmarkt um eine ausgeprägtere Profilierung bemühen und dabei auch versuchen, ihre Angebote spezifischer auf bestimmte Teilnehmergruppen und soziale Milieus hin auszurichten. Dafür sind sie darauf angewiesen, auch die Kursleitenden sehr bewusst einzusetzen, insofern als diese mit ihrem biografischen Hintergrund und ihrem individuellen Bezug zum Kursgegenstand selbst Repräsentanten unterschiedlicher sozialer Entstehungs- und Anwendungszusammenhänge ihrer Disziplin sind und ihren Teilnehmenden damit spezifische Anschlussmöglichkeiten für persönliche Orientierungs-, Qualifizierungs- und Bildungsinteressen bieten können. Eine wichtige Voraussetzung auf Seiten der Kursleitenden ist es dabei, dass sie sich selbst ihres Profils als Lehrkraft bewusst sind und ihre eigenen Möglichkeiten und Grenzen auch im Vergleich zu ihren Kolleg/inn/en einschätzen können.

3.3.3 Bewerbung an Volkshochschulen

Bedingt durch die Freiberuflichkeit der Kursleitenden und dem in der Regel nicht existenzsichernden Beschäftigungsumfang, aber auch auf Grund der ständigen Neuentwicklung von Angeboten herrscht an Volkshochschulen eine kontinuierliche Fluktuation von Lehrkräften, die Einstiegschancen für neue Interessenten schafft. Deren Gewinnung erfolgt auf unterschiedlichen Wegen. Bei Vakanzen suchen die hauptberuflichen pädagogischen Mitarbeiter/innen (hpM) selbst aktiv nach Bewerber/inne/n. Dies läuft häufig über die Vermittlung der Kursleitenden und deren fachliche Netzwerke. Vakanzen werden teilweise auch über die Volkshochschul-Homepage bekannt gemacht, die Auskunft über die erwünschten Bewerbungsunterlagen und die zuständige Ansprechperson gibt. Ein Großteil der Bewerbungen erfolgt auf Initiative der Interessent/inn/en selbst, deren Zahl von der allgemeinen Arbeitslosenquote und speziell der Beschäftigungssituation im Weiterbildungssektor abhängt. Je nach Größe der Volkshochschule, ihrer internen Arbeitsteilung und dem Grad der institutionellen Festlegung von Abläufen – z. B. als verbindlicher Bestandteil der Qualitätssicherung – praktiziert die Einrichtung ein eher situatives oder ein eher formalisiertes Bewerbungsverfahren.

Die Chancen für ein Vorstellungsgespräch erhöhen sich durch informative Bewerbungsunterlagen, die nicht nur die formale Qualifizierung belegen, sondern auch Ideen für mögliche Angebote enthalten, die einen erkennbaren Bezug zu potenziellen Adressaten herstellen. Für die Vorbereitung auf ein Erstgespräch empfiehlt es sich, das aktuelle Programm der Volkshochschule im angestrebten Einsatzbereich zu kennen, um dort Anknüpfungs- oder Ergänzungsmöglichkeiten zu finden, sich aber auch über das allgemeine Profil der Einrichtung zu informieren. Neben einer Klärung der fachlichen Voraussetzungen wird der Gesprächspartner im Bewerbungsgespräch versuchen, einen Eindruck von den didaktisch-methodischen Vorstellungen der Person und ihrem Reflexionsspektrum in Bezug auf die Arbeit mit einer Lerngruppe an Volkshochschulen zu gewinnen. Interessieren werden ihn die Motive für eine Tätigkeit als Kursleitende/r sowie die damit verbundenen Erwartungen an ein kurz- oder längerfristiges Engagement, das verfügbare Zeitbudget und die regionale Flexibilität des Bewerbers. Je nach Bedarfslage lassen sich generell zwei „Modelle" unterscheiden, nach denen neue Kursleitende verpflichtet werden.

- Sucht die Volkshochschule Lehrkräfte für ausgearbeitete Curricula mit festgelegten Stoffplänen und Zeitfenstern, geht es um die Klärung, ob der/die Bewerber/in dafür qualifiziert und bereit ist, sich in das vorgegebene Programm einzuarbeiten (dies gilt natürlich auch für das Einspringen bei kurzfristiger Vakanz in einem laufenden Kurs).
- Weiterhin gibt es das traditionelle Verfahren, die Anregungen eines Bewerbers/einer Bewerberin aufzugreifen und damit Neuerungen ins Pro-

gramm zu bringen. Dies setzt voraus, dass die Vorschläge geeignet scheinen, auf die Nachfrage potenzieller Teilnehmender zu treffen und die Aufmerksamkeit der Medien zu erzielen. Hier hat die Volkshochschule Möglichkeiten zum Experimentieren, und die Bewerber/innen haben in der Regel einen relativ großen Spielraum, eigene Ideen und Vorschläge einzubringen.

Über die regulären Kursangebote hinaus bestehen vielfach auch Einsatzmöglichkeiten in zusätzlichen Projekten der Volkshochschule, wie Kooperations- und Auftragsmaßnahmen z. B. im Bereich der beruflichen Bildung, aber auch in drittmittelfinanzierten Angeboten, die sich häufig an Bildungsbenachteiligte richten, beispielsweise in der Grundbildung, der Integration von Migrant/inn/en oder der Bildung für ältere Menschen. Die Mitarbeit in solchen Zusammenhängen ist für Lehrkräfte schon deshalb attraktiv, weil hier oft höhere Stundendeputate zu vergeben sind. Auch zur Teilnehmerberatung – z. B. für das Fremdsprachenangebot zu Beginn der Anmeldezeit – sowie für die Erarbeitung neuer Angebotskonzepte oder standardisierter Unterrichtsmaterialien werden Kursleitende auf der Basis von Werkverträgen eingesetzt, wenn die erforderliche Fachkompetenz bei den Hauptberuflichen nicht in der nötigen Tiefe vorhanden ist oder personelle Engpässe auftreten. Für solche Zusatzaufträge setzen die Volkshochschulen in der Regel erfahrene Kursleitende ein, die sie aus der bisherigen Zusammenarbeit kennen und schätzen gelernt haben.

Insgesamt ist die Frage, wer als neue/r Kursleitende/r akzeptiert oder abgelehnt wird, stark abhängig von der regionalen Weiterbildungslandschaft, so dass auch die Tatsache, in der Vergangenheit bereits an einer Volkshochschule gearbeitet zu haben, keine Gewähr dafür bietet, von einer anderen Volkshochschule ohne weiteres akzeptiert zu werden. In der Regel liegen die Anforderungen in Ballungsgebieten mit Universitäten, Hochschulen, Ausbildungs- und Kultureinrichtungen höher als in einem kleinstädtischen und ländlichen Umfeld, und so stellt sich die praktische Umsetzung der allgemeinen Professionalitätsstandards immer in Abhängigkeit von der Angebots- und Nachfragesituation auf dem Lehrkräfte-Markt dar.

3.4 Zusammenarbeit zwischen Volkshochschule und Kursleitenden

Kursleitende sind für die Volkshochschule nicht nur als kompetente Lehrkräfte, sondern zugleich auch als Repräsentanten der Einrichtung von Bedeutung, denn sie sind diejenigen, die mit ihrem erwachsenenpädagogischen Handeln Bildungsauftrag und Leitbild in der Praxis realisieren sollen. Da die Teilnehmenden die

Volkshochschule vor allem über die Person der Kursleitenden wahrnehmen und beurteilen, leisten diese einen außerordentlich wichtigen Beitrag nicht nur für die Kundenbindung, sondern insgesamt zur Corporate Identity der Institution. Dieser Umstand ist Freiberufler/inne/n und zumal Bewerber/inne/n oft nicht bewusst, wenn sie die Volkshochschule zunächst vor allem als eine Plattform zur Teilnehmergewinnung für „ihren" Kurs betrachten. So ist es für die Volkshochschulen entscheidend, sich um funktionierende Formen der Integration ihrer Kursleitenden zu bemühen, damit ihr hoher Stellenwert als Personalressource im institutionellen Gesamtzusammenhang von Profilbildung, Qualitätsentwicklung und ökonomischer Steuerung gezielt genutzt werden kann. Angesichts des freiberuflichen Status der Kursleitenden können Angebote zur Einbindung über die unmittelbare Kursarbeit hinaus nur optional sein und müssen Anschlussmöglichkeiten für deren eigene Interessen bieten.

3.4.1 Kursleitende als Partner

Eine wichtige Grundlage, um die Identifikation mit der Volkshochschule zu stärken, ist ein regelmäßiger Informationsfluss, der aktuelle Veränderungen in den Arbeitsbedingungen und Leitungsentscheidungen, die die Arbeit der Kursleitenden direkt oder indirekt betreffen, transparent macht. Volkshochschulen wählen dafür unterschiedliche Kommunikationsformen wie regelmäßige schriftliche Mitteilungen, Einladungen zu Festen und Beteiligungen an öffentlichkeitswirksamen Veranstaltungen. Zunehmend wird die digitale Kommunikation über Mailinglisten genutzt oder es werden Zugriffsmöglichkeiten auf geschützte Bereiche der Volkshochschul-Homepage eingerichtet, die auch zum Austausch der Kursleitenden untereinander offen stehen. Institutionelle Mitwirkungsmöglichkeiten wie z. B. die Wahl von Kursleitenden-Vertretungen (meist analog zu Teilnehmervertretungen) haben in Volkshochschulen eine lange Tradition, die teilweise bis auf die Gründungsjahre der Einrichtungen in der Weimarer Republik zurückzuverfolgen ist und auf die demokratischen Wurzeln ihres Bildungsverständnisses verweist.

Inwieweit Kursleitende diese Beteiligungsangebote wahrnehmen, hängt von ihrer persönlichen Interessenlage ab. Tendenziell steigen Motivation und Beteiligung mit der Quantität und Kontinuität der Lehrtätigkeit, doch sind gerade diejenigen, die ihren Lebensunterhalt damit bestreiten, zugleich in der Situation, ihr zeitliches Engagement auch unter ökonomischen Gesichtspunkten betrachten zu müssen. Es ist daher notwendig, dass die Volkshochschule ihre Beteiligungs- und Mitwirkungsangebote an die Kursleitenden vor dem Hintergrund deren Freiberuflichkeit reflektiert und die Kursleitenden dabei als Partner in einen dialogischen Prozess einbezieht. Dies gilt besonders für Umbruchsituationen wie Organisationsentwicklungsprozesse und Diskussionen im Vorfeld institutioneller

Entscheidungen, deren Folgen auch die Arbeitsbedingungen der Kursleitenden betreffen (vgl. auch Kap. 2.3). Eine Zusammenstellung der wechselseitigen Rechte und Pflichten für Volkshochschule und Kursleitende kann dafür eine tragfähige Handlungsgrundlage bieten, besonders dann, wenn deren Erarbeitung beteiligungsorientiert und unter Aushandlung und Abwägung der gegenseitigen Leistungserwartungen und -zusagen zustande gekommen ist.

3.4.2 Konfliktpotenziale

Dass die Zusammenarbeit zwischen Volkshochschule und Kursleitenden nicht immer konfliktfrei abläuft, liegt in teilweise divergierenden und widersprüchlichen Interessen begründet. So schlägt wachsender ökonomischer Druck auf die Einrichtungen auch auf die Kursleitenden durch.

> Werden z. B. Teilnehmerentgelte erhöht und die Mindestbelegzahlen für die Durchführung von Kursen heraufgesetzt, steigt zugleich die Gefahr von Kursausfällen und damit von Honorareinbußen für die Kursleitenden. Auch Auseinandersetzungen um Honorarhöhe oder die Honorierung zusätzlichen Engagements der Kursleitenden gewinnen an Brisanz, wenn die Volkshochschulen tendenziell mit weniger Einsatz mehr Erträge erwirtschaften sollen, während Kursleitende ihren Lebensunterhalt unter verschärften Bedingungen sichern müssen.

Diese in der Arbeitswelt gängigen Konfliktpunkte stellen sich in der Volkshochschule teilweise komplizierter dar als in anderen Weiterbildungseinrichtungen, weil die Volkshochschulen vor dem Hintergrund ihrer Tradition sowohl in ihrem Selbstbild als auch in der Wahrnehmung von Kursleitenden – gerade auch von besonders engagierten – keine beliebigen Bildungsanbieter sind, deren primäres Erfolgsziel auf der ökonomischen Ebene liegt. Volkshochschulen mit ihrem öffentlichen Bildungsauftrag erscheinen in besonderer Weise ihren Teilnehmenden verpflichtet und vor allem auch jenen, die ökonomisch, sozial und kulturell benachteiligt sind. Vor diesem Werthintergrund geraten Kursleitende in eine ambivalente Rolle: Während sie als Freiberufler Auftragnehmer der Organisation sind und deren Interessen zu vertreten haben, erleben sie sich zugleich in einer Dienstleisterrolle gegenüber den Teilnehmenden, für die sie bereit sind, auch gegen die Einrichtung Partei zu ergreifen. Der Einrichtung gegenüber sind sie ihrerseits in der Kundenrolle, wenn diese ihnen Service und Support für die Wahrnehmung ihres Auftrags bieten soll. Und als „Quasi-Arbeitnehmende" mit Anrecht auf die Fürsorgepflichten des (öffentlichen) Arbeitgebers fühlen sich jene, die von der Lehrtätigkeit leben und ihren Status der Freiberuflichkeit nur auf Grund der verwehrten Festanstellung notgedrungen in Kauf nehmen. Ausgeblendet wird dabei bisweilen der Umstand, dass die Volkshochschule auf Grund von Status und Zuschussabhängigkeit in aller Regel über die alleinige Entscheidungskompetenz in der Ausgestaltung der Rahmenbedingungen gar nicht verfügt.

3. Lehrende

Abbildung 3: Freiberufliche Kursleitende (KL) in institutionellen Zusammenhängen

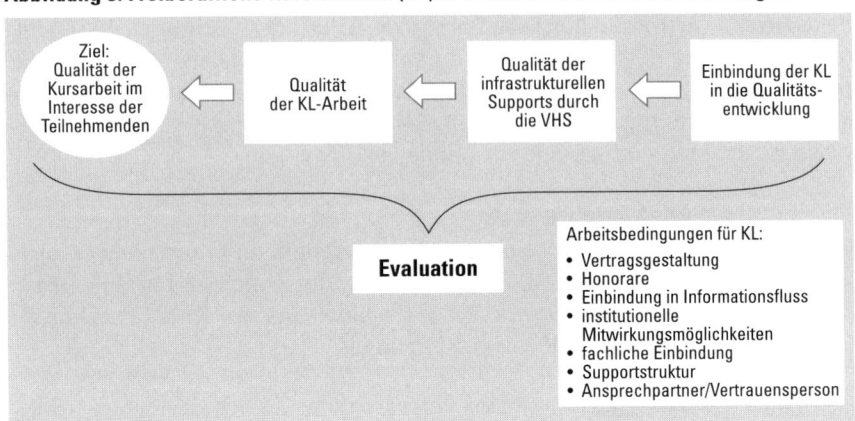

Diese Interessenkonstellationen muss die Volkshochschule im Blick haben, wenn sie die Einbindung der Kursleitenden fördern möchte. Das erfordert eine offene und partnerschaftliche Verständigung über Ambivalenzen und Konflikte, auch und gerade über solche, die kurzfristig nicht zu lösen sind. Einen hohen Stellenwert hat die Vereinbarung von Regeln und Verfahrensweisen, an deren Entwicklung Kursleitende beteiligt sind. Auch das Angebot eines neutralen externen Mediators für Konfliktfälle zwischen Kursleitenden und hauptberuflichen Mitarbeitenden kann ein hilfreicher Beitrag für die Verbesserung der Zusammenarbeit sein. Eine institutionelle Unterstützung der Kursleitenden in ihrer Kommunikation untereinander, z. B. durch die Einrichtungen von Kursleiter-Räumen, Postfächern oder die Übernahme von Versandkosten, schafft die materielle Grundlage dafür, dass Kursleitende sich auch als Beschäftigtengruppe und Interessenvertretung an der Volkshochschule organisieren können.

3.4.3 Qualitätsentwicklung

Wichtige Felder der Qualitätsentwicklung sind die Evaluation, die Weiterentwicklung der Angebotskonzepte und die Kompetenzentwicklung der Lehrkräfte. Die Einbindung der Kursleitenden in diese Qualitätsprozesse ist eine unabdingbare Voraussetzung für deren Gelingen. Geeignete Mittel zur Qualitätsentwicklung sind Evaluationen, Konferenzen und Fachtreffen sowie Hospitationen (vgl. hierzu ausführlich Kap. 7).

Ein weiteres wichtiges Element der Qualitätssicherung sind Fortbildungen für Kursleitende. Sie haben eine Doppelfunktion der Kompetenzentwicklung und der Förderung von Corporate Identity: Sie bieten über das jeweilige Thema hinaus immer auch die Möglichkeit zu Begegnung und Austausch mit Kolleg/inn/en. Größere Volkshochschulen haben zumeist eigene Veranstaltungen, die ergänzt werden durch Veranstaltungen der Landesverbände, zu denen Kursleitende über ihre Volkshochschule Zugang haben. Vielfach werden spezielle Einführungsveranstaltungen für neue Lehrkräfte sowie verschiedene Module mit „Grund- oder Basisqualifikationen" für Kursleitende ohne erwachsenenpädagogische Ausbildung angeboten. Deren Spektrum bewegt sich in den Bereichen „Lernen", „Kommunizieren", „Planen und Evaluieren" sowie „Moderieren und Präsentieren". Daneben gibt es fachdidaktische Seminare und teilweise auch Angebote zur fachlichen Nachqualifizierung, die besonders in großstadtfernen Einzugsbereichen auf Interesse stoßen, wenn die Kursleitenden ihr eigenes Fachwissen autodidaktisch erworben haben. Die Volkshochschul-Fortbildungsprogramme bieten aber auch Unterstützung zur Kompetenzentwicklung für neue Trends und veränderte Anforderungen, z. B. für die Nutzung der Neuen Medien als methodisches Handwerkszeug bis hin zum „Blended Learning", für die Stärkung der Kursleitenden in ihrer Rolle als Lernberater/innen oder die Qualifizierung zum/zur Gesundheitsberater/in. Speziell als Service für jene Kursleitenden, die als Freiberufler/innen ihren Lebensunterhalt verdienen, bieten manche Volkshochschulen auch Informationsveranstaltungen zu Themen wie Krankenversicherung, Altersvorsorge und Existenzgründung an. Während Kursleiter-Fortbildungen traditionell entgeltfrei angeboten wurden, da sie im Interesse der Volkshochschule liegen und die Kursleitenden ihre Zeit einbringen, variieren die Teilnahmekosten inzwischen stark und rangieren zwischen kostenlosen Angeboten vor allem im Einführungsbereich bis hin zu teilweise marktorientierten Preisen, wenn eine zertifizierte Qualifizierung angeboten wird. Insgesamt gilt für die Volkshochschule, dass sie auf Grund der Potenziale ihrer bundesweiten Vernetzung häufig eine Vorreiterrolle für neue Trends in der Weiterbildung einnimmt, damit Beiträge zur Professionalisierung leistet und Kursleitenden die Möglichkeit bietet, ihren „Marktwert" als Lehrkraft zu verbessern.

4. Teilnehmende

Wer eine Veranstaltung in der Erwachsenenbildung durchführt, wird sich zunächst fragen:
- Mit wem habe ich es in der Veranstaltung zu tun?
- Welche Motive haben die Teilnehmenden? Was erwarten sie? Welches Lerninteresse haben sie?
- Mit welchen Voraussetzungen gehen die Teilnehmenden an die Lernprozesse heran? Woran kann bei ihnen angeknüpft werden?

Im Gegensatz zur Schule kann die Erwachsenenbildung nicht von festgelegten, weitestgehend homogenen Teilnehmergruppen ausgehen. Sie hat es vielmehr mit sehr unterschiedlichen Zusammensetzungen zu tun. Hinzu kommt, dass sich das Lernen Erwachsener unter anderen Voraussetzungen und mit anderen Zielperspektiven vollzieht als das von Kindern oder Jugendlichen. Die Orientierung an den Lernenden, an ihrer Lebenssituation und an ihren Interesse an Verwendungszusammenhängen des Gelernten ist eine Besonderheit der Erwachsenenbildung.

4.1 Menschenbild

Hinter allen Überlegungen zu Erwartungen, Zielen und Voraussetzungen der Teilnehmenden steht die Frage nach dem Menschenbild. Schon bei der Programm- und Angebotsplanung hat man eine Vorstellung davon, was Menschen können und was sie tun sollten. Die Grundannahme vom Menschen und die Überzeugung, dass man ihnen mit Wertschätzung in ihrer Ganzheitlichkeit entgegentreten muss, bilden die entscheidende Basis für die Gestaltung von Lehr-Lern-Prozessen.

- Jeder Mensch sucht und benötigt ein Mindestmaß an Anerkennung durch andere. In den Lehr-Lern-Prozessen muss sichergestellt sein, dass Menschen in ihren Interessen ebenso wie in ihren Leistungen durch andere anerkannt werden. Die Lernenden können zu Recht einen respektvollen Umgang untereinander erwarten.
- Jeder Mensch sucht und benötigt ein Mindestmaß an Sicherheit. In den Lehr-Lern-Prozessen müssen bestehende Erfahrungen, Kenntnisse und Deutungen akzeptiert und es muss das nötige Maß an Sicherheit erreicht werden, dass das zu lernende „Neue" bewältigt werden kann.
- Jeder Mensch sucht und benötigt Kontakt mit anderen. In den Lehr-Lern-Prozessen muss sichergestellt sein, dass die Menschen nicht isoliert und stofforientiert agieren, sondern kommunikativ und kooperativ miteinander lernen.

- Jeder Mensch will seine Meinungen artikulieren und seinen Interessen nachgehen können. In den Lehr-Lern-Prozessen sind die Lernziele gemeinsam von Lehrenden und Lernenden zu klären.
- Jeder Mensch kann und will sich in seiner Persönlichkeit weiter entfalten. In den Lehr-Lern-Prozessen sind ganzheitliche Verfahren und Ziele wichtig.
- Jeder Mensch ist durch sein biologisches und soziales Geschlecht geprägt. Das bedeutet für Lehr-Lern-Prozesse, jeweils Raum zu geben für geschlechtsspezifische und sozial bedingte Bedürfnisse und Kompetenzen.

Meist weiß man bei der Vorbereitung der Veranstaltung noch nicht genau, wer teilnehmen wird, aber die Adressatengruppe ist bekannt bzw. wird festgelegt. Bedingt durch Thematik und Ankündigung können sich Kursleitende schon vor Beginn einer Veranstaltung Vorstellungen von potenziellen Teilnehmenden machen. Es ist einzuschätzen, ob eher Frauen oder Männer, eher Anfänger oder Fortgeschrittene kommen werden. Bei der Bildungsarbeit mit bestimmten Zielgruppen hat man zumindest grobe Kenntnisse über die Lebenssituation der jeweiligen Personengruppe, ihr Zeitbudget, ihre formalen Bildungs- und Ausbildungsabschlüsse oder ihren sozialen Hintergrund. Und dennoch ist selbst bei einer durch die Ankündigung relativ klar definierten Zielgruppe in den Veranstaltungen mit Menschen zu rechnen, die auf Grund unterschiedlicher Motive und Erwartungen teilnehmen, unterschiedliche Lernstile sowie unterschiedliche Vorstellungen vom Lernen haben. Dies gilt insbesondere für Angebote, die ein neues Thema behandeln oder bestimmte Arbeitsweisen erstmalig erproben. Das, was im Folgenden zu Lernmotiven und Lernvoraussetzungen, zu Lerngewohnheiten und Lernstilen gesagt wird, ist als Sammlung von Gesichtspunkten zu verstehen, deren tatsächliche Bedeutung immer wieder neu bedacht werden muss.

4.2 Lernmotive und Erwartungen

Für die Lehrenden ist es wichtig zu wissen, aus welchen Motiven heraus sich Erwachsene zur Teilnahme an einem Bildungsangebot entscheiden. Hier sind unterschiedliche Motive denkbar:
- die Erkenntnis, dass die eigene Qualifikation nicht mehr ausreicht, um den Anforderungen des beruflichen Alltags zu genügen,
- die Übernahme einer neuen Aufgabe,
- ein einschneidendes Erlebnis (persönlicher oder familiärer Art, z. B. ein Beziehungskonflikt),
- Einwirkungen aus dem sozialen Umfeld,

- der persönliche Wunsch nach kultureller oder politischer Bildung, nach sozialer Kommunikation, nach Selbstfindung oder Interessenaustausch.

Es handelt sich dabei also sowohl um themengebundene und konkret arbeitsbezogene Motive als auch um solche allgemeiner Art, wie etwa Kontaktsuche, Hilfe bei der Wahrnehmung von Rollenanforderungen, Abwechslungsbedürfnis, durch Mediennutzung entstandenes Interesse oder die Suche nach Anregungen für die Freizeit. Teilnahmemotive und Erwartungshaltung sind also Situationsfaktoren, die bei der Veranstaltungsplanung und -durchführung bedacht werden sollen (siehe auch Kap. 5). Von einem unmittelbaren Zusammenhang zwischen den Veranstaltungsinhalten und den Beweggründen der Teilnehmenden kann nicht unbedingt ausgegangen werden: So kann beispielsweise ein berufsbezogenes Angebot aus einem allgemeinen Interesse heraus besucht werden, und die Teilnahme an einer Veranstaltung aus dem Bereich der kulturellen oder der politischen Bildung kann auf Grund beruflicher Zusammenhänge erfolgen.

Um ein differenzierteres Bild von den Beweggründen der Teilnehmenden zu erhalten, ist es hilfreich, zwischen Motivationen, Motiven, Interessen und Erwartungen zu unterscheiden. Motivation bezeichnet eine langfristige und dauerhafte Bereitschaft, Motive hingegen entstehen eher aus aktuellen Beweggründen. Interessen und Bedürfnisse beziehen sich auf bestimmte Wünsche oder auf erkannte Kompetenzmängel, und Erwartungen richten sich auf vorgegebene konkrete Angebote.

4.3 Bildungsverhalten

Von solch verschiedenartigen Motiven und Erwartungen geleitet, nehmen laut Berichtssystem Weiterbildung insgesamt nahezu 50 % der Bevölkerung in Deutschland im Laufe eines Jahres an organisierter Weiterbildung teil. Das am häufigsten angegebene Teilnahmemotiv ist das Interesse, im beruflichen und außerberuflichen Alltag besser zurecht zu kommen. Allerdings nehmen nicht durchweg alle Bevölkerungsgruppen und sozialen Milieus in gleichem Maße Weiterbildungsangebote in Anspruch (zum Milieuansatz siehe Abb. 4):
- Mit steigendem Alter nimmt die Wahrscheinlichkeit der Teilnahme ab (mit Ausnahme der beruflichen Bildung: Hier ist die Altersgruppe der 34- bis 49-Jährigen am stärksten vertreten).
- Je höher das Bildungsniveau (Erstausbildung, Sozialisation), desto wahrscheinlicher ist die Teilnahme.
- Bei Berufstätigen ist die Teilnahmewahrscheinlichkeit höher als bei Arbeitslosen.

- Je niedriger die Berufsposition, desto geringer ist die Teilnahmewahrscheinlichkeit.
- Frauen und Männer nehmen mittlerweile ungefähr gleich häufig an Weiterbildung teil; die Männer überwiegend in der beruflichen Weiterbildung.
- Die Weiterbildungsbeteiligung ist in größeren Städten deutlich höher als in kleineren Orten oder auf dem Land.

Abbildung 4: Soziale Milieus

Etablierte: *Das selbstbewusste Establishment*: Erfolgs-Ethik, Machbarkeitsdenken und ausgeprägte Exklusivitätsansprüche

Postmaterialisten: *Das aufgeklärte Post-68er-Milieu*: Liberale Grundhaltung, postmaterielle Werte und intellektuelle Interessen

Moderne Performer: *Die junge, unkonventionelle Leistungselite*: Intensives Leben – beruflich und privat, Multi-Optionalität, Flexibilität und Multimedia-Begeisterung

Konservative: *Das alte deutsche Bildungsbürgertum*: Konservative Kulturkritik, humanistisch geprägte Pflichtauffassung und gepflegte Umgangsformen

Traditionsverwurzelte: *Die Sicherheit und Ordnung liebende Kriegsgeneration*: Verwurzelt in der kleinbürgerlichen Welt bzw. in der traditionellen Arbeiterkultur

DDR-Nostalgische: *Die resignierten Wende-Verlierer*: Festhalten an preußischen Tugenden und altsozialistischen Vorstellungen von Gerechtigkeit und Solidarität

Bürgerliche Mitte: *Die Status-quo-orientierte, konventionelle Mitte*: Der statusorientierte moderne Mainstream: Streben nach beruflicher und sozialer Etablierung, nach gesicherten und harmonischen Verhältnissen

Konsum-Materialisten: *Die stark materialistisch geprägte Unterschicht*: Anschluss halten an die Konsum-Standards der breiten Mitte als Kompensationsversuch sozialer Benachteiligung

Experimentalisten: *Die extrem individualistische neue Bohème*: Ungehinderte Spontaneität, Leben in Widersprüchen, Selbstverständnis als Lifestyle-Avantgarde

Hedonisten: *Die Spaß-orientierte moderne Unterschicht/untere Mittelschicht*: Verweigerung von Konventionen und Verhaltenserwartungen der Leistungsgesellschaft

(Quelle: Tippelt u. a. 2003, S. 84 ff.)

Tendenziell lässt sich sagen, dass die Weiterbildungsteilnahme ein Spiegelbild der vorangegangenen Ausbildung ist. In der Weiterbildung werden Bildungsunterschiede nicht unbedingt kompensiert, sondern möglicherweise noch verstärkt. Hier unterscheidet sich die Weiterbildung nicht vom übrigen Bildungssystem in Deutschland – wie erst jüngst die PISA-Studie deutlich gemacht hat.

Je höher das Bildungsniveau ist, je differenzierter die Lernerfahrungen in der Erwachsenenbildung sind, desto eher gehen die Teilnehmenden eigenständig und selbstbewusst mit Bildung und Lehr-Lern-Prozessen um, desto eher werden Bedürfnisse geäußert, desto eher wird ganz grundsätzlich Bildung als mögliches Element des täglichen Lebens angesehen. Weitere für die Teilnahmemotivation wichtige Aspekte des Lebenslaufs stellen soziale Aktivität und soziales Engagement dar. Hohe soziale Aktivität in inner- und außerfamiliären Beziehungen begünstigt die Entscheidung zur Bildungsteilnahme.

Dieser soziale Selektionsmechanismus weist auf ein Problem hin: Ein großer Teil potenzieller Adressaten wird von der Weiterbildung kaum erreicht. Die Kluft zwischen gut und weniger gut Gebildeten wächst. Dies wird sich auch durch die zunehmende Bedeutung informeller oder selbstorganisierter Weiterbildung nicht ändern, solange Information und Beratung nicht ausreichend angeboten werden. Unter dem Stichwort „Social Exclusion" wird dieses Problem mittlerweile europaweit diskutiert.

Social Exclusion
Die kontinuierlich wachsende Weiterbildungsbeteiligung in Folge des wachsenden Bildungsbedarfs geht einher mit einem Problem, das innerhalb der Europäischen Union als Gefahr der „Social Exclusion" bezeichnet wird: Die Kluft zwischen Armen und Reichen wird größer, es besteht die Gefahr, dass eine große Minderheit der Bevölkerung kulturell und sozial ausgegrenzt wird. So werden etwa besondere Probleme des Bildungsverhaltens bei einigen deshalb als benachteiligt geltenden Bevölkerungsgruppen identifiziert: junge Menschen auf Grund teilweise gescheiterter Schulkarrieren und fehlender Förderungsmöglichkeiten, ältere Menschen auf Grund einer geringen beruflichen Motivation, Ausländer/innen auf Grund sprachlicher Defizite und fehlender Anerkennung bereits erworbener Abschlüsse, Langzeitarbeitslose auf Grund von Vereinzelung und mangelndem Zugang vor allem zu betrieblichen Bildungsangeboten, Alleinerziehende auf Grund der schwierigen zeitlichen Organisation der Maßnahmen und häufig fehlender Betreuung der Kinder, Menschen in ländlichen Regionen auf Grund der geringen Angebotsvielfalt und an- und ungelernte Beschäftigte auf Grund mangelnder Angebote am Arbeitsplatz. Vielfach zeigt sich, dass bei diesen benachteiligten Personenkreisen milieubedingte, angebotsbedingte und biografisch bedingte Faktorenbündel zusammen ein Bildungsverhalten beeinflussen, das mögliche eigene Lernbedarfe eher nicht in die Teilnahme an Weiterbildung umsetzt.

Wenn die Erwachsenenbildung ihren Anspruch ernst nimmt, auch andere als die ohnehin bildungsaktiven (Mittelschicht-)Teilnehmenden zu erreichen, und wenn sie sich nicht nur am Markt orientieren will, wird sie auch in Zukunft auf ein spezifisches Konzept der Zielgruppenorientierung nicht verzichten können, das auch wesentlich abhängig ist von Information und Beratung.

4.4 Lernverhalten und Lernstile

Lernen ist ein komplexer Prozess der individuellen Anpassung an aktuelle situative Gegebenheiten, der Wahrnehmen, Denken, emotionale Stellungnahme, motivationale Bewertung und resultierende Handlung beeinflusst. Wenn sich eine Person z. B. in einer Situation zunächst unangemessen, bei einer späteren, ähnlichen Gelegenheit jedoch erfolgreich verhält, dann erklären wir dies mit

ihrer Fähigkeit zum Lernen. Sie hat sich an der eigenen oder der von anderen übernommenen Erfahrung orientiert.
- Lernen geschieht in Handlungseinheiten: Es umfasst sowohl kognitive als auch affektiv-emotionale und soziale Fähigkeiten.
- Lernen ist das Ergebnis von Prozessen: Diese können sowohl beabsichtigt als auch unbeabsichtigt und quasi nebenbei geschehen.
- Lernen ist ganzheitlich: Es bezieht sich nicht nur auf einzelne Funktionsbereiche, sondern betrifft den ganzen Menschen.

Dem früheren Verständnis zufolge war Lernen ein Prozess, der sich stufenweise nach Lebensphasen (Kindheit, Jugend, Erwachsensein, Alter) aufbaute und bei dem das Lehren im Mittelpunkt stand. In den letzten Jahren zeichnete sich jedoch ein Paradigmenwechsel ab: Das Lernen der Menschen rückte in den Fokus des Interesses. Verbunden damit kam der Begriff „Lebenslanges Lernen" auf, der sämtliche Lernaktivitäten als ein ununterbrochenes, „von der Wiege bis zum Grab" reichendes Kontinuum beschreibt. Das Bildungssystem wird nicht mehr von den Institutionen und von der Lehre, sondern von den lernenden Personen her definiert.

Bislang war es in erster Linie das „formale" Lernen, das die Vorstellung der Menschen davon, was als „Lernen" angesehen wird, geprägt hat. Mit der Diskussion um lebenslanges Lernen wird allerdings deutlich, dass Lernen kontinuierlich auch außerhalb von organisierten Bildungsprozessen stattfindet und die Dimension des formalen Lernens zu ergänzen ist durch Lernformen, die in der Familie, in der Freizeit, im Gemeinwesen und bei der täglichen Arbeit mehr oder weniger bewusst wahrgenommen werden (vgl. Abb. 5).

Abbildung 5: Kategorien „zweckmäßiger Lerntätigkeiten"

Formales Lernen findet in Bildungs- und Ausbildungseinrichtungen statt und führt zu anerkannten Abschlüssen und Qualifikationen.

Nicht-formales Lernen findet außerhalb der Hauptsysteme der allgemeinen und beruflichen Bildung statt und führt nicht unbedingt zum Erwerb eines formalen Abschlusses. Nicht-formales Lernen kann am Arbeitsplatz und im Rahmen von Aktivitäten der Organisationen und Gruppierungen der Zivilgesellschaft stattfinden. Auch Organisationen oder Dienste, die zur Ergänzung der formalen Systeme eingerichtet wurden, können als Ort nicht-formalen Lernens fungieren (z. B. Kunst-, Musik- und Sportkurse oder private Betreuung durch Tutoren zur Prüfungsvorbereitung).

Informelles Lernen ist eine natürliche Begleitung des täglichen Lebens. Anders als beim formalen und nicht-formalen Lernen handelt es sich beim informellen Lernen nicht notwendigerweise um ein intentionales Lernen, weshalb es auch von den Lernenden selbst unter Umständen gar nicht als Erweiterung ihres Wissens und ihrer Fertigkeiten wahrgenommen wird.

(Quelle: Kommission der europäischen Gemeinschaften 2000, S. 9)

4. Teilnehmende

Verbunden mit dem Konzept des lebenslangen Lernens, sind vor allem Diskussionen um das selbstgesteuerte oder selbstorganisierte Lernen in das Blickfeld gerückt. Die Begriffe „selbstgesteuertes Lernen", „selbstorganisiertes Lernen", „Selbstlernen", „selbstverantwortliches Lernen", „selbstständiges Lernen" u. a. werden nahezu synonym gebraucht. Letztlich sind damit alle Lernformen gemeint, die den Teilnehmenden ein erhöhtes Maß an Selbstbestimmung ermöglichen, d. h. bei denen die Organisation und die Gestaltung des Lehr-Lern-Prozesses zu einem großen Teil in der Verantwortung der Lernenden selbst liegen. Für den Lernerfolg Erwachsener ist daher von großer Bedeutung, dass sie eigene Handlungsprobleme als Lernthemen erkennen und ihnen Bedeutsamkeit zuweisen.

Das Konzept ist aber auch kritisch zu betrachten. Die Anforderungen, die an die Lernenden gestellt werden, sind hoch: Sie müssen ihre eigenen Lernbedürfnisse erkennen, daraus Lernziele ableiten und entsprechende Lernstrategien auswählen können. Ohne eine geeignete Form der Unterstützung durch professionelle Lernbegleiter ist dies meist nicht realisierbar (vgl. hierzu auch Kap. 5.8). Für das selbstgesteuerte Lernen sind also Verfahren und Konzepte zu entwickeln, die das Einzellernen mit geeigneten Sozialformen verbinden. Der Einsatz Neuer Medien fördert die selbstständige Gestaltung von Lehr-Lern-Prozessen. Allerdings muss der Umgang mit ihnen häufig erst erlernt und ihre Möglichkeiten und Grenzen im Lernprozess müssen genauer definiert werden. Viele Bildungsinstitutionen geraten unter den Druck, den Anteil an Beratung, Orientierung und Support zu erhöhen und den Anteil eigener Bildungsangebote zu vermindern. Hier müsste eine Verzahnung der Selbstlern-Phasen mit institutionellen Angeboten erfolgen.

Betrachtet man Lernen als einen aktiven Vorgang, bei dem neue Erkenntnisse und Erfahrungen in das vorhandene Wissen und den bestehenden Erfahrungskontext aufgenommen werden, so wird deutlich, dass das Lernen Erwachsener nicht mit dem Lernen von Kindern und Jugendlichen gleichzusetzen ist. Die unterschiedlichen Herangehensweisen an Lehr-Lern-Prozesse entwickeln sich einerseits als altersbezogenes biografisches Kontinuum, andererseits als abhängige Variable von Lebensumständen wie beispielsweise Berufsposition, Arbeitsinhalt, Familienstand und Vermögen. Das Lernen Erwachsener ist vergangenheitsbestimmt; d. h, dass immer auch ältere Erfahrungen mit dem Lernen in die neuen Lernaktivitäten eingehen.

Im Vergleich zum schulischen Lernen erfolgt das Lernen Erwachsener vor einem ausdifferenzierteren Erfahrungshintergrund. Sie bringen mehr Vorwissen und das Bedürfnis nach Selbstgestaltung mit. Erwachsene lernen interessengeleitet und von ihren eigenen Erfahrungen ausgehend und sie haben ausgeprägtere kognitive Strukturen und Wahrnehmungsmuster. Dies ist bei der Planung von Veranstaltungen und im Lehr-Lern-Prozess zu berücksichtigen, z. B. dadurch, dass auf konkrete Situationen Bezug genommen wird und Überzeugungen und Erfahrungen integriert werden.

Die Teilnehmenden sind nicht als Konsumenten anzusehen, sondern sie sollen den Lehr-Lern-Prozess aktiv mitgestalten, dementsprechend müssen die Lehrmethoden motivierend und aktivierend sein und die teilnehmenden Erwachsenen in ihrer Ganzheitlichkeit akzeptieren.

Die Vorstellungen vom Lernen basieren bei vielen Erwachsenen in erster Linie auf Erfahrungen aus der Schulzeit, die von einem stofforientierten, aber kaum von interessengeleitetem Lernen geprägt sind und eher als praxisfern empfunden werden. Lernmotivation wird in der Schule hauptsächlich über die Notengebung erzeugt und nicht über die Freude am Erkenntnisgewinn. Infolgedessen nehmen viele Erwachsene beim Lernen eine Art Konsumhaltung ein; d. h, sie erwarten Lernimpulse und sind an die Einbindung des Lernens in das eigene Leben aus eigener Aktivität heraus nicht gewöhnt. Diese Passivität muss überwunden werden; hierzu müssen Erwachsene in ihren Lernbemühungen bestätigt und dadurch zum weiteren Lernen ermutigt werden. Auch die Verwertbarkeit von Lerninhalten muss berücksichtigt werden, denn Erwachsene lernen mit starkem Interessenbezug und verweigern sich der Aufnahme für sie uninteressanter Informationen.

Wie man in der Forschung Sprachstile oder Kommunikationsstile unterscheidet, so unterscheiden sich auch Personen in ihren Lernstilen. Die Unterschiede des Lernverhaltens und die Widersprüche in den Lernerwartungen von Teilnehmenden in ein und derselben Veranstaltung sind variantenreich. Wer beispielsweise die Vorzüge des selbsterschließenden Lernens noch nicht erfahren hat, wird zuerst einmal irritiert sein, wenn von den Kursleitenden nicht – wie gewohnt – vorstrukturiertes Lernmaterial präsentiert wird. Ebenso können diejenigen in Lernschwierigkeiten geraten, die entdeckendes Lernen zwar gewohnt sind, sich in bestimmten Anforderungssituationen aber einen bestimmten Sachverhalt aneignen müssen.

Menschen entwickeln im Lauf ihrer Biografie – bewusst oder unbewusst – einen individuellen Lernstil, woraus sich vielfältige Konsequenzen für die erwachsenengerechte Gestaltung von Lehr-Lern-Prozessen ergeben. Eine empirische Untersuchung zu diesem Thema kam zu einer Unterscheidung in fünf Lerntypen (vgl. Abb. 6).

Diese Unterteilung macht deutlich, dass Personen mit sehr unterschiedlichen Vorlieben, Gewohnheiten und Stärken in die Veranstaltungen der Erwachsenenbildung kommen. Für die Veranstaltungsplanung ist es daher notwendig, sich didaktisch relevante Informationen über die Lernenden zu beschaffen bzw. in

Abbildung 6: Lerntypen

- *Typ 1 „Der Theoretiker"*: Dieser Lerntyp hat Freude am Lernen und konkrete Vorstellungen von dem, was er lernen will. Er ist nicht nur an praktischer Anwendung, sondern auch an theoretischen Grundlagen interessiert. Wenn er sich etwas Neues aneignet, bemüht er sich darum, Zusammenhänge zu verstehen.
- *Typ 2 „Der Anwendungsorientierte"*: Anwendung ist für Typ 2 Ziel und Methode zugleich. Ihn leitet stets die Frage, was er mit neuen Inhalten anfangen kann. Er lernt umso besser und umso lieber, je näher er an den Gegenständen ist, am besten dann, wenn er etwas ausprobiert.
- *Typ 3 „Der Musterschüler"*: Dieser Typ ist ehrgeizig, strebsam und fleißig, er lernt für gute Noten bzw. Zeugnisse und Zertifikate. Er lernt lieber angeleitet als eigenständig, lässt sich Inhalte lieber erklären, als dass er sie selbst herausfinden möchte.
- *Typ 4 „Der Gleichgültige"*: Er lernt nicht mehr, als er unbedingt braucht. Er hat weder ausgeprägte Vorlieben noch besondere Abneigungen. Wenn er etwas lernt, achtet er darauf, dass er gerade so viel mitbekommt, wie erforderlich ist, um nicht auf- oder durchzufallen.
- *Typ 5 „Der Unsichere"*: Unsicherheit und Angst begleiten diesen Typ, wenn er etwas lernen muss. Er braucht einen gewissen Druck, aber auch die Einsicht, warum er etwas Bestimmtes lernen soll. Er geht davon aus, dass er beim Lernen zahlreiche Schwierigkeiten haben wird und vieles nicht verstehen wird.

(Quelle: Schrader 1994)

der Anfangssituation subjektive Empfindungen und Bedürfnisse in Bezug auf das Lernen zu bearbeiten (vgl. auch Kap. 5.1).

4.5 Teilnehmende an Volkshochschulen

Allen Anstrengungen der Volkshochschulen zum Trotz, das Image einer modernen und professionellen Weiterbildungseinrichtung zu vermitteln, wird der typische Volkshochschul-Teilnehmende in den Medien immer noch gerne als eine mitleidig belächelte Figur dargestellt. Ein bekanntes Beispiel dafür ist „Frau Jaschke", die altjüngferliche Hamburger Kunstfigur der Kabarettistin Jutta Wübbe, die ihren Wellensittich Waltraut und ihr Publikum an den neuesten Erkenntnissen aus ihrer „Atemgruppe" der Volkshochschule teilhaben lässt. Hier erscheint der Volkshochschul-Kurs als Lebenshilfe-Einrichtung für leicht weltferne Menschen mit einem kleinen, wenn auch liebenswerten Spleen. Auch die immer wieder auftauchende Formulierung „Volkshochschulniveau" zur Bezeichnung gut gemeinter, aber eben doch bieder-hausbackener kultureller Hervorbringungen verweist auf eine Klientel, der eben dieses eingeschränkte Niveau entspricht. So wird Teilnehmenden der Volkshochschule gerne unterstellt, für sie stünde das gruppendynamische Erlebnis im Mittelpunkt, während das Kursthema eher Vorwand und Rahmen für das gesellige Beisammensein darstelle. In Ratgeber-Rubriken werden Volkshochschul-Kurse bisweilen allein stehenden Personen zur unverbindlichen Anbahnung neuer Kontakte empfohlen („Gleichgesinnte treffen"), wobei das Interesse an der Partnersuche hinter einem gesellschaftlich anerkannten Weiterbildungsinteresse versteckt werden kann.

Verallgemeinernd kann gesagt werden, dass das Klischee eines typischen Volkshochschul-Besuchers das einer (nicht armen) weiblichen Person mittleren Alters ist, die ihre reichlich bemessene Freizeit dort „sinnvoll" verbringen kann. Der Volkshochschul-Besuch erscheint als eine durchaus achtbare Beschäftigung, die jedoch kaum mit zielorientierten Lerninteressen verknüpft wird.

4.5.1 Statistischer Überblick

Das „weibliche Image" der Volkshochschule lässt sich anhand statistischer Daten belegen: Bundesweit liegt der Anteil der Frauen in Volkshochschul-Veranstaltungen seit Jahren bei durchschnittlich ca. 74 % (vgl. Pehl/Reitz 2003). Diese Dominanz der Frauen zieht sich durch fast alle Programmbereiche und liegt in der Gesundheitsbildung mit 83,8 % am höchsten, gefolgt vom Bereich „Kultur und Gestalten" mit 80,5 %. Allein im Bereich „Grundbildung – Schulabschlüsse" zeigt sich mit 51,1 % Frauenanteil eine annähernd ausgeglichene Geschlechterverteilung.

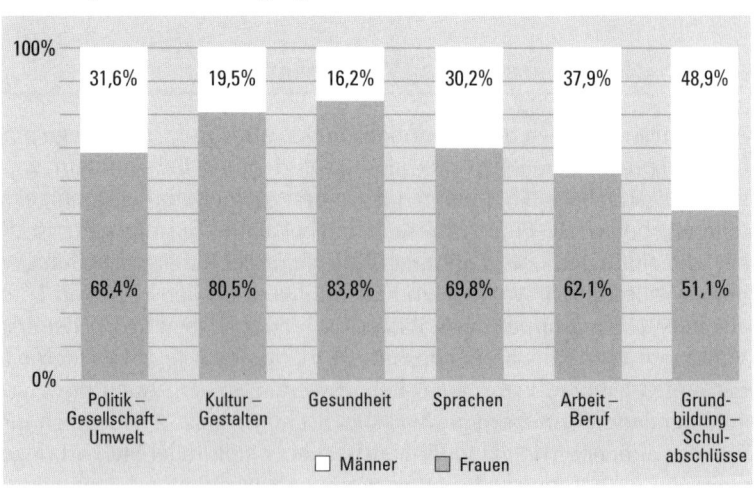

Abbildung 7: VHS-Kursbelegungen differenziert nach Geschlecht

Bereich	Männer	Frauen
Politik – Gesellschaft – Umwelt	31,6%	68,4%
Kultur – Gestalten	19,5%	80,5%
Gesundheit	16,2%	83,8%
Sprachen	30,2%	69,8%
Arbeit – Beruf	37,9%	62,1%
Grundbildung – Schulabschlüsse	48,9%	51,1%

(Quelle: Pehl/Reitz 2003, S. 31)

Diese Ungleichverteilung zwischen Frauen und Männern hat schon frühzeitig zu der Frage geführt, warum so wenig Männer in die Volkshochschule kommen.

Ein wesentlicher Aspekt ist sicherlich die Tatsache, dass die Volkshochschule vor allem als Anbieterin allgemeiner Weiterbildung gilt, die Frauen in stärkerem Maß anspricht. Männer nehmen insgesamt eher berufsbezogene Angebote wahr.

Der Programmbereich „Arbeit und Beruf" hat in Volkshochschulen im Vergleich zu anderen Weiterbildungsanbietern bundesweit einen Anteil von nur 16,1 % der Kurse, auf die 13,3 % der Belegungen entfallen. Hier zeigt sich ein Männeranteil von immerhin 37,9 %. Dass auch hier die Frauen in der Überzahl sind, mag mit dem negativen Image der Volkshochschule als eines „Allesanbieters" zu tun haben, bei dem wirklich hochwertige und spezialisierte Angebote zur beruflichen Bildung nicht vermutet werden. Auch die verbreitete Einschätzung, dass die Volkshochschule Bildung in Verbindung mit Geselligkeit bietet, läuft männlichen Vorstellungen über unmittelbar verwertungsbezogenes Lernen eher zuwider. Umgekehrt mögen Frauen gerade den kommunikativen Umgang schätzen, der in Volkshochschul-Kursen gepflegt wird, und sie empfinden die dort typischen Mischgruppen in heterogener Zusammensetzung vermutlich weniger stark als Belastung. Ihre ausgeprägte Dominanz in den Gesundheitskursen kann auf die insgesamt stärkere Gesundheitsorientierung bei Frauen zurückzuführen sein, ihre hohe Präsenz in der kulturellen Bildung auf die immer noch lebendige Tradition, dass die aktive Auseinandersetzung mit Formen ästhetischer Praxis auf der Laienebene vor allem bei Frauen als lohnendes Tätigkeitsfeld ihrer Persönlichkeitsentwicklung gilt.

Betrachtet man die Altersverteilung der Volkshochschul-Teilnehmenden, so zeigt sich bundesweit die Gruppe der 35- bis 49-Jährigen als die aktivste, die insgesamt am stärksten in Kursen der Gesundheitsbildung und der beruflichen Bildung vertreten ist.

Nahezu alle Volkshochschulen bieten neben ihren offenen Angeboten auch Kurse für besondere Adressatengruppen an, die 2002 im bundesweiten Durchschnitt 13,9 % aller Kurse ausmachten. Die meisten dieser Angebote richten sich an ältere Menschen, Frauen und Ausländer/innen (zu 95 % als Adressaten von „Deutsch als Fremdsprache"), in geringerem Umfang an Menschen mit Behinderung, Analphabeten und Arbeitslose.

4.5.2 Teilnehmergewinnung

Bis in die 1980er Jahre hinein haben die Volkshochschulen die Frage nach der Repräsentanz unterschiedlicher Bevölkerungsgruppen in ihren Kursen vor allem unter der Perspektive diskutiert, ob sie ihrem eigenen Anspruch der „Offenheit für alle" tatsächlich gerecht werden. Der in Untersuchungen immer wieder herausgearbeitete Zusammenhang von schulischer Vorbildung und Weiterbildungsteilnahme insgesamt hat sich auch in der Teilnehmerstruktur der Volkshochschulen

4. Teilnehmende

bestätigt: Ihr Stammpublikum gehört nicht zu den Gruppen, die als „bildungsbenachteiligt" zu bezeichnen sind. Bildungsbenachteiligte werden selten über die allgemeinen offenen Angebote erreicht, sondern vor allem über spezielle und hoch subventionierte Programme im Bereich der Zielgruppenarbeit (s. o.), die teilweise auch über Drittmittel finanziert werden. Die Teilnehmergewinnung ist hier häufig nur über ein Netz von Multiplikatoren möglich und damit aufwendig und kostenintensiv. Dennoch ist es für die Volkshochschulen von Bedeutung, diese Art der Zielgruppenarbeit aufrecht zu erhalten, leitet sie doch einen Teil ihrer öffentlichen Legitimation eben daraus ab, Bildungsangebote vorzuhalten, die kein kommerzieller Anbieter auf den Markt bringen würde.

Auf Grund veränderter Rahmenbedingungen und der Notwendigkeit, sich am Weiterbildungsmarkt erfolgreich zu positionieren, konzentriert sich die Diskussion in den Volkshochschulen seit den 1990er Jahren vor allem auf die Frage nach der erfolgreichen Kundengewinnung und -bindung, wobei das Problem der sozialen Ausgeglichenheit in den Hintergrund tritt. Allerdings verfügen die wenigsten Volkshochschulen über umfassende Teilnehmerdaten. Zwar führen inzwischen viele Einrichtungen regelmäßig quantitative und qualitative Untersuchungen zur Kundenzufriedenheit durch (siehe hierzu Kap. 7.2 und 7.3), trotzdem wird die Angebots- bzw. Produktplanung selten auf ein scharf umrissenes Profil einer bestimmten Zielgruppe hin zugeschnitten.

In Hinblick auf ihre Marketingaktivitäten erfassen die Volkshochschulen vor allem
- Feedbacks zu Kursinhalten und Unterrichtsqualität,
- Beurteilungen der Beratungs- und Serviceleistungen (z. B. Anmeldeberatung, Einstufungstests),
- Bewertungen von Lernorten/Räumlichkeiten (z. B. Erreichbarkeit, Ausstattung),
- Einschätzungen des Preis-Leistungs-Verhältnisses,
- Angaben über erfolgreiche Werbewege (Ansprache über Programmheft, Mundpropaganda, Internetnutzung etc.).

Parallel dazu werden auch immer wieder Strukturdaten zur Teilnehmerschaft erhoben (Alter, Geschlecht, Schulausbildung, ggf. Einkommen). Zudem wird ermittelt, ob Teilnehmende das erste Mal die Volkshochschule besuchen, ob also Neukunden gewonnen werden konnten. Derartige Befragungen werden jedoch selten systematisch und kontinuierlich durchgeführt und sind meist nicht im Rahmen einer institutionellen Gesamtstrategie aufeinander bezogen.

Ein viel versprechender Ansatz für die Gewinnung planungsrelevanter Teilnehmerdaten speziell für Volkshochschulen basiert auf der Nutzung von Kategorien der sozialen Milieuforschung für die Weiterbildung. Durch die Kombination von Daten zur sozialen Lage mit Erkenntnissen über bildungsrelevante Grundorientierungen in den zehn SINUS-Milieus (vgl. Abb. 4) konnten gruppenspezifische Profile erstellt werden, die für jedes der Milieus typische Weiterbildungsinteressen und -barrieren erkennbar machen. Eine mit diesem Instrumentarium arbeitende Studie hat bestätigen können, dass das generell positive Image der Volkshochschule und ihre hohe Bekanntheit nicht bei allen sozialen Gruppen gleich häufig zu einer Teilnahmebereitschaft führt: Jüngere Menschen, Personen mit hohen Bildungsabschlüssen, Männer, Erwerbstätige und Adressaten in Ostdeutschland werden in geringem Maße erreicht; das traditionelle sowie das neue (Klein-)Bürgertum stellt einen überdurchschnittlichen Anteil der Volkshochschul-Besucher (vgl. Abb. 8).

Abbildung 8: Teilnehmende an VHS-Kursen und soziale Milieus

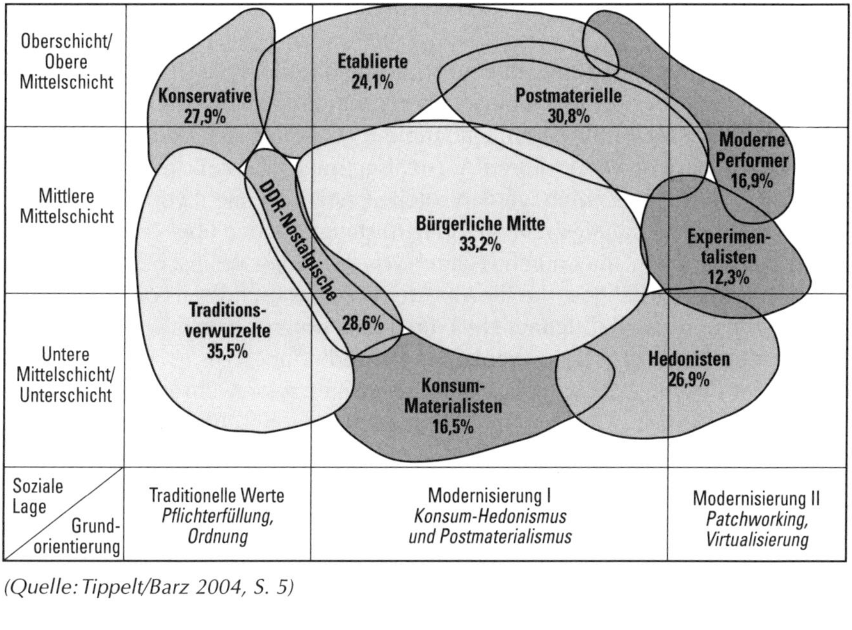

(Quelle: Tippelt/Barz 2004, S. 5)

4.5.3 Kundenbindung

Eine große Gruppe der Teilnehmenden sind „Stammkunden", die wiederholt Anschlusskurse buchen und teilweise über viele Jahre hinweg ihre Bildungsinteressen in der Volkshochschule befriedigen. Aus dem Marketing ist bekannt, dass die Stammkundenbindung weit weniger kostenintensiv ist als die Neukundengewinnung, und so beschäftigen sich auch Volkshochschulen bewusst mit den

4. Teilnehmende

Faktoren des in früheren Jahren als selbstverständlich hingenommenen Phänomens der „Dauerteilnehmenden". Die Motivation, über einen längeren Zeitraum hinweg Anschlusskurse zu besuchen, wird häufig durch die Bindung an eine/n bestimmte/n Kursleitende/n gefördert, aber auch durch eine relativ stabile soziale Gruppe sowie durch die Möglichkeit zur Mitbestimmung über Themenschwerpunkte und Lerntempo im Rahmen des Gesamtthemas. Positive Lernerfahrungen in einem Kurs fördern zudem die Bereitschaft, auch mit anderen thematischen Interessen zunächst bei der Volkshochschule nach Veranstaltungen zu suchen, zumal diese in dem Ruf steht, man könne sich hier über Trends und aktuelle gesellschaftliche Themen informieren und orientieren. Angebote der Volkshochschule wie „Tage der offenen Tür", Feste zum Semesterauftakt und -ende, verbunden mit der Möglichkeit für Kursteilnehmer – besonders im kulturellen Bereich –, ihre Ergebnisse öffentlich zu präsentieren (Ausstellungen, Konzerte, Theateraufführungen etc.), tragen sehr zur Attraktivität der Einrichtung bei und betonen den alltagsbegleitenden Charakter des Kursbesuchs.

Organisierte Mitwirkungsmöglichkeiten für Teilnehmende, die häufig analog zu einer Vertretung der Kursleitenden angeboten werden, bieten z. B. die Wahl von Teilnehmersprechern und deren Teilnahme in Gremien der Volkshochschule, teilweise bis hin zur Vertretung in Aufsichtsgremien wie z. B. einem Vorstand oder Beirat. Wahrgenommen werden solche Posten vor allem von langjährigen Teilnehmenden, die häufig nicht (mehr) berufstätig sind und über entsprechende Zeitbudgets verfügen, aber durchaus auch von (bildungs-)politisch interessierten Jüngeren und Berufstätigen, die die Idee der Volkshochschule als öffentlich subventionierte und für alle zugängliche Einrichtung unterstützen möchten. In Konfliktfällen und Krisen, z. B. bei geplanten Preiserhöhungen oder der drohenden Kürzung von Mittelzuweisungen, können solche Interessenvertretungen der Teilnehmenden durchaus Durchsetzungskraft auch im politischen Raum entfalten.

Da die Mundpropaganda von Teilnehmenden im sozialen Umfeld eine wichtige Rolle für die Imagebildung spielen kann, praktizieren Volkshochschulen neben ihren Befragungen zur Kundenzufriedenheit auch ein systematisches Beschwerdemanagement, denn dies bietet die Möglichkeit, durch regelmäßige Auswertung und entsprechende Problemlösungen die Kundenzufriedenheit zu erhöhen. Auch in die Preispolitik werden teilweise Strategien der Kundenbindung integriert, z. B. durch die Festlegung bestimmter Preislinien, durch Vielbucher-Rabatte, Ehepaar-Regelungen, Freundschaftswerbungen, Geschenkgutscheine oder Bonuszahlungen für die Neukundenvermittlung. Daneben begünstigen in der Regel auch spezielle Preisnachlässe bestimmte Teilnehmergruppen (wie Studierende, Ausländer/innen, Ältere, Behinderte, Arbeitslose etc.), damit fehlende finanzielle Möglichkeiten nicht zum Ausschluss von der „Bildung für alle" führen.

5. Angebote

Veranstaltungen in der Erwachsenenbildung können in ihrer Dauer und Organisationsform unterschiedlich sein. Es gibt Wochenendseminare, Abendseminare, Arbeitskreise, Gesprächskreise, Kurse, Lehrgänge, Vorträge und Vortragsreihen, Foren und Podiumsdiskussionen. Ihnen allen ist gemeinsam, dass eine angekündigte Thematik mit einem bestimmten Teilnehmerkreis unter der Leitung einer pädagogischen Fachkraft behandelt wird. Veranstaltungen in der Erwachsenenbildung benötigen also eine spezifische Organisationsform, die es ermöglicht, dass gelehrt und gelernt wird. Diejenige Person, die das Lehrangebot plant, muss eine Reihe von Entscheidungen u. a. zu den folgenden Punkten treffen:

- An welche Teilnehmenden richtet sich das Angebot? Wie soll das Angebot angekündigt werden, um diese Teilnehmergruppe zu erreichen?
- Welche Ziele sollen erreicht werden, welche Dimensionen (kognitiv, affektiv, sozial, psychisch) umfassen sie?
- Welche Inhalte sollen behandelt werden, welche Themen sind dazu geeignet?
- Mit welchen Methoden und Arbeitsweisen soll gelernt werden, wie sind sie auf die Lernenden und die Inhalte bezogen?
- Wer soll welche Rolle im Lehrprozess übernehmen? Welche Rolle haben die Teilnehmenden, hat der/die Lehrende?
- Welche Feedback-Möglichkeiten sind eingeplant? Wie transparent ist der Lernprozess?
- Welche Methoden der Erfolgskontrolle sind vorgesehen?

5.1 Teilnehmerorientierung

„Teilnehmerorientierung" ist seit Mitte der 1970er Jahre ein Begriff, der auf ein Grundprinzip der Erwachsenenbildung verweist. Lehren und Lernen mit Erwachsenen kann nur gelingen, wenn diese den Bezugspunkt des pädagogischen Handelns bilden. Dies ist mit „Teilnehmerorientierung" gemeint. Auch ist wichtig zu wissen, dass es bei diesem Begriff um die konkret und physisch anwesenden Personen geht, nicht um „Adressaten" oder „Zielgruppen". Mit den Begriffen „Adressatenorientierung" und „Zielgruppenorientierung" wird betont, dass die Planung sich an Kenntnissen über eine abstrakte Personengruppe orientiert. Teilnehmerorientierung ist nicht abstrakt, sondern im Lehr-Lern-Prozess konkret. Sie darf auch nicht verwechselt werden mit modernen Begriffen, die auf eine Selbststeuerung der Lernenden, eine Selbstorganisation der Lernprozesse oder eine „Partizipation" im Lerngeschehen verweisen. Teilnehmerorientierung geht davon aus, dass Lehrende verantwortlich sind für die Planung und Gestaltung des Lehr-

Lern-Prozesses, dass sie dabei aber die Lernenden als Bezugspunkt im Blick haben. Weitergehende Konzepte, wonach die Lernenden höhere Anteile des Lehr-Lern-Prozesses gestalten und bestimmen, sind natürlich sinnvoll und denkbar. Bei ihnen muss jedoch berücksichtigt werden, ob die Lernenden wirklich in der Lage sind, über jeweils anstehende didaktische Fragen zu entscheiden und den Fortgang des gemeinsamen Lehr-Lern-Prozesses zu bestimmen.

Teilnehmerorientierung heißt prinzipiell auch, dass der von den Lehrenden geplante und realisierte Lehr-Lern-Prozess für die Lernenden transparent ist. Diese müssen die intendierten Lernziele, die Schritte im gemeinsamen Lehr-Lern-Prozess und die eingesetzten Methoden kennen, um sich beteiligen und bewusst verhalten zu können. Vor allem aber heißt Teilnehmerorientierung, die einzelnen Angebote in ihrer didaktischen Gestaltung auf die Lebenssituation der Adressat/inn/en zu beziehen, dabei mögliche Bedeutsamkeiten und Verwendungsaspekte zu beachten und methodisch erwachsenengerecht vorzugehen, d. h. den Lernvoraussetzungen der Erwachsenen zu entsprechen (vgl. Kap. 4.4). Eine Orientierung an den Interessen und Erwartungen der Teilnehmenden kann auf zwei Ebenen erfolgen: auf der Ebene der Programmplanung und auf der Ebene der Veranstaltungsdurchführung. Auf der Ebene der Programmplanung werden mit der „Adressatenorientierung" ausdrücklich die vermuteten Perspektiven der potenziellen Teilnehmenden berücksichtigt. Auf der Ebene der Veranstaltungsdurchführung geht es darum, den Voraussetzungen und Erwartungen der anwesenden Teilnehmenden soweit wie möglich gerecht zu werden. Dabei sind die Zielvorstellungen, die Strukturen des Lernstoffs und die dazu passenden Vorgehensweisen aufeinander abzustimmen.

Bei der inhaltlichen und methodischen Planung müssen die Bedarfe der Lernenden berücksichtigt werden, und es sind individuelle und flexible Lösungen dabei mit zu bedenken. Für eine Teilnehmerorientierung auf Ebene der Programmplanung bedeutet das, eine Angebotsstruktur zu bieten, die Angebote für verschiedene Lerntypen zur Verfügung stellt, d. h.,

- Menschen, die vor allem im sozialen Diskurs lernen wollen, werden weiterhin die Möglichkeit haben wollen, dies in klassischen Präsenzkursen zu tun,
- Menschen, die stärker individualisiert lernen wollen, werden Angebote nachfragen, die orts- und zeitunabhängig genutzt werden können.

Hinsichtlich der Angebotsformen herrscht in der Erwachsenenbildung eine relativ große Gestaltungsfreiheit: Es gibt keinen Stundenplan wie in der Schule und normalerweise auch keine festgelegten Curricula. Um das Angebot für interessierte Teilnehmende transparent zu machen, sollten die beabsichtigten Arbeitsweisen so ausgewiesen sein, dass klar wird, welche Art der Lerntätigkeit man erwartet. Dies gilt für die Unterscheidung zwischen klassischen Präsenzveranstaltungen (Vorträge, Kurse, Seminare oder Workshops) und stärker auf individualisiertes Lernen ausgerichteten Angeboten, die selbstorganisiertes Lernen, das orts- und zeitunabhängiger ist, in den Vordergrund stellen.

Besonders deutlich zeigen sich Unterschiede in der Zeitorganisation: Zum Angebot der Erwachsenenbildung gehören einerseits wöchentliche Abendangebote und Wochenendseminare, die sich von der Zeitorganisation her auf die Zielgruppe Erwerbstätige richten. Andererseits wird diese Zeitorganisationsform immer häufiger ergänzt durch Vormittags- und Nachmittagsangebote für bestimmte Zielgruppen, durch Kompaktangebote, die während kurzer Zeit intensives Lernen und größere Lernfortschritte ermöglichen, sowie durch Wochenseminare, die im Rahmen von Bildungsurlaub stattfinden. Relevant sind dabei die folgenden Elemente:
- Platzierung innerhalb oder außerhalb der Arbeitszeit,
- Gesamtdauer (kurzzeitpädagogisches Angebot – bis zu drei Monaten – und langzeitpädagogisches Angebot – darüber),
- kompakte oder gestückelte Form,
- Veranstaltung vor Ort oder außerhalb (Letztere meist als Reise oder mit Internatsunterbringung).

Formen, Zeiten und Orte der Angebote sind zum einen wichtig für den Zugang der Interessierten: Orientiert man sich beispielsweise an Berufstätigen, so muss man berücksichtigen, dass sie kaum tagsüber außerhalb des Betriebes an Veranstaltungen teilnehmen können. Zum anderen sind sie wichtig für das pädagogische Konzept. So ermöglichen etwa gestückelte Formen das rückgebundene „Einzellernen" zwischen den sozial organisierten Phasen, Bildungsurlaube im Ausland fördern das Sprachenlernen im kulturellen Kontext, und Vor-Ort-Seminare können den Lebensalltag einbeziehen.

5.2 Ankündigung

Für die Ankündigung einer Weiterbildungsveranstaltung ist zunächst zu klären, wie Bedarf und Interesse einzuschätzen sind, welche Zielgruppen angesprochen werden sollen und ob über die Ankündigung im Programmheft hinaus zusätzliche Werbeaktionen angebracht sind. Die Angebotsankündigung sollte so formuliert sein, dass sie an den vermuteten oder vorab ermittelten Bedarfen der Lernenden anknüpft, einen Überblick zu den in der Veranstaltung behandelten Themen und Fragestellungen gibt und interessierte Personen zur Teilnahme motiviert. Dabei ist zu beachten, dass sie dem „Corporate Design" (dem vorgegebenen Gestaltungsrahmen) des Anbieters entspricht.

Abbildung 9: Checkliste „Angebotsankündigung"

Thema:
a) Welches Thema will (soll, kann) ich anbieten?
b) Welchen Veranstaltungstitel muss ich wählen, damit er alle Stoffgebiete, die unter das vorgesehene Thema fallen, umfasst, sich mein Angebot gleichzeitig von benachbarten, aber nicht von mir vorgesehenen Themenbereichen abgrenzt?

Teilnehmende:
a) Welche Adressatengruppe wird sich durch das Thema vermutlich besonders angesprochen fühlen?
b) Welche Teilnehmergruppe möchte ich mit dem Angebot erreichen?
c) Wie kann ich darauf hinwirken, dass die von mir ins Auge gefassten Teilnehmenden im Verhältnis zu der ohnehin schon interessierten Adressatengruppe nicht unterrepräsentiert sind?

Text:
a) Auf welche vermutlichen Interessen, Lernerfahrungen und sozialen Voraussetzungen muss ich Rücksicht nehmen?
b) Habe ich in der Ankündigung hinreichend deutlich gemacht, auf welchen Eingangsvoraussetzungen die Veranstaltung aufbaut?
c) Welche Lernziele können angegeben werden, damit Interessierte ein realistisches Bild von dem voraussichtlichen Kenntniszuwachs durch das Angebot erhalten?
d) Wie kann ich so auf die Verwertbarkeit der in der Veranstaltung zu erwerbenden Stoffkenntnisse, Abschlüsse, Zertifikate usw. hinweisen, dass die Adressatinnen und Adressaten den Nutzen der Veranstaltung weder unter- noch überschätzen?
e) Ist die sprachliche Form der Angebotsankündigung der anvisierten Teilnehmergruppe angemessen?
f) Ist die Ankündigung insgesamt so unmissverständlich formuliert, dass sich der angezielte Teilnehmerkreis auch tatsächlich angesprochen fühlen kann?

Die Angebotsankündigung bzw. die Ausschreibungsphase im engeren Sinne liegen häufig zeitlich einige Monate vor der geplanten Veranstaltung. Dennoch wird dabei die erste Konkretisierung des Angebots in Form von Ausschreibungstexten, Veranstaltungsinformationen oder Werbematerialien vorgenommen. Hier geschieht bereits die Festlegung allgemeiner Ziele, der inhaltlichen Schwerpunkte, der Adressatenbereiche, der Angebotsform, der Zeitorganisation sowie von Termin und Ort. Ein gewisser Aufwand an Zeit und persönlichem Engagement schafft wichtige Voraussetzungen für die späteren Phasen. Die „Eckdaten", die Sie mit dem Ausschreibungstext festlegen, sollen also „Ihr Angebot" verdeutlichen. Über die „Checkliste Angebotsankündigung" hinaus sind zum Teil Entscheidungen zu treffen, die primär organisatorischen Charakter zu haben scheinen, die aber häufig nicht nur den inhaltlichen Verlauf einer Veranstaltung wesentlich beeinflussen, sondern auch für das Zustandekommen mit entscheidend sind.

(Quelle: in Anlehnung an Brokmann-Nooren u. a. 1994, S. 78 f.)

Eine Angebotsankündigung zu formulieren, kann mitunter zu einem Balanceakt werden, da verschiedene, zum Teil gegenläufige Anforderungen zu beachten sind: Einerseits soll die Veranstaltung in der Ankündigung möglichst attraktiv erscheinen, andererseits soll der Text Informationen über den Inhalt und auch über die Vorgehensweise enthalten. Es geht darum, eine kurze, treffende Beschreibung der Veranstaltung zu geben, den Nutzen für die Teilnehmenden herauszustellen, ohne dabei falsche Erwartungen zu wecken.

5.3 Didaktik/Methodik

Jede/r Lehrende hätte gerne ein Geheimrezept zur Methodik der Erwachsenenbildung, das bei den Lernenden hohe Motivation, erfolgreiches Lernen, Faszination, Begeisterung und rasches Verstehen gewährleistet und ihn selbst vor Unsicherheitsgefühlen bewahrt. Aber jede noch so gute Empfehlung für didaktisch-methodisches Handeln passt nicht für alle Situationen und für jede Person. Je selbstständiger das Gegenüber in Veranstaltungen der Erwachsenenbildung ist, desto weniger präzise einschätzbar sind seine Reaktionen auf die methodischen Vorschläge der Lehrenden. Antworten auf Fragen zur Veranstaltungsplanung und -durchführung sind also immer in Verbindung zu dem zu sehen, was von den Teilnehmenden eingebracht wird, welche Zielvorstellungen mit der einzelnen Veranstaltung verbunden werden und was sich aus der Struktur des zu Lernenden für den Vermittlungsprozess ergibt.

Abbildung 10: Checkliste zur Veranstaltungsvorbereitung

1. Welchen Nutzen erhoffen sich die Teilnehmenden von der Veranstaltung?
   (Die Beantwortung dieser Frage führt automatisch auch zu einer Lernzielerfassung.)

2. Welche Inputs sind dazu notwendig?

3. Was können die Teilnehmenden selbst erarbeiten?
   (Bereits in einem frühen Stadium sollte die Art der möglichen Aktivitäten festgelegt werden.)

4. Welche Informationen, Materialien, Anregungen und/oder Medien sollte der/die Dozent/in selbst bereit halten?
   (Hierbei geht es z. B. um Materialien, die nicht für die Selbsterarbeitung geeignet sind (Einführungen, Überblicke), oder um solche, die die Aufmerksamkeit auf bestimmte Punkte lenken. Damit ist das Grobkonzept festgelegt).

5. An welchen Stellen sollen die Aktivitätsphasen eingesetzt werden?
   (Hier geht es darum, Häufungen zu vermeiden und Abwechslung sicherzustellen.)

6. An welchen Stellen sind Feedback-Fragen oder Übungsaufgaben zu stellen?
   (Damit soll an den entscheidenden Stellen eine Lernkontrolle ermöglicht werden)

7. Wie kann ein motivierender Einstieg erfolgen?
   (Hierbei geht es darum, die Aufmerksamkeit der Teilnehmenden zu gewinnen, ihre Fragen zu berücksichtigen und vor diesem Hintergrund den zeitlichen Verlauf im Einzelnen festzulegen.)

(Quelle: in Anlehnung an Boekmann/Heymen 1996, S. 177)

5. Angebote

5.4 Ziele und Nutzen

Wie in Kapitel 4 bereits erörtert, sind Ursachen, Gründe und Anlässe für die Bildungsmotivation äußerst unterschiedlich. So wollen die Menschen etwas Neues lernen, sich wohl fühlen, nette Leute treffen, miteinander sprechen. Das Gelernte soll für sie einen Nutzen haben, z. B. einer beruflichen Verwertung dienen, sie wollen nicht überfordert, aber angeregt werden. Motive, Interessen und Bedürfnisse sind daher in der Erwachsenenbildung von zentraler Bedeutung, weil sie aus Sicht der Lehrenden bei der Programm- und Veranstaltungsplanung Grundlagen liefern und Bildungsziele implizieren. Unabhängig von der Zeitorganisation lassen sich Erwachsenenbildungsveranstaltungen also auch nach ihrer Intention (der Zielsetzung) unterscheiden. So gibt es

- Kurse, die dem zielgerichteten und abschlussbezogenen Lernen dienen,
- Gesprächskreise, die von den Veranstaltungsleitenden zurückhaltend moderiert werden und sich in erster Linie an dem orientieren, was von den Teilnehmenden zum Thema gemacht wird,
- Arbeitskreise zur Eigentätigkeit, sei es im Gesundheitsbereich, sei es im künstlerischen Bereich oder auch in der Umweltbildung, in denen projektbezogene Arbeitsweisen im Vordergrund stehen bzw. bei denen Menschen gemeinsam etwas produktiv erarbeiten wollen (z. B. Amateurtheater),
- erlebnisorientierte Lernformen wie Exkursionen, Studienreisen, „Kamingespräche" und Ähnliches.

Ausgehend von diesen unterschiedlichen Intentionen, kann man eine Differenzierung in lernzielbezogene, problemorientierte und tätigkeitsbestimmte Angebote treffen (s. u.). Eine solche Differenzierung deckt sich allerdings nicht ohne weiteres mit inhaltlich-thematischen Unterscheidungen. Am deutlichsten wird dies im Fremdsprachenbereich, zu dem sowohl zertifikatsbestimmte als auch kommunikationsbetonte Angebote gehören können.

Im Fall lernzielbezogener Angebote ist an operationalisierte Lernziele zu denken, denn jedes Bildungsangebot ist im weitesten Sinne von Zielen geleitet. Bei problemorientierten Angeboten handelt es sich um Hilfen zur Orientierung und Urteilsbildung; hier geht es um personenorientierte Themen, bei denen weniger ein eindeutiges Ergebnis als vielmehr eine Bereicherung der Sichtweisen angestrebt wird. Der tätigkeitsbestimmte Bereich schließlich ist dadurch gekennzeichnet, dass alle Beteiligten sich in einer konkreten Aktivität erproben können.

Durch die Diskussion um das lebenslange Lernen haben – wie bereits erwähnt – selbstorganisierte Lernformen in den letzten Jahren an Bedeutung gewonnen.

Worum geht es, wenn von Selbststeuerung, Selbstregulierung, Selbstorganisation in diesem Zusammenhang die Rede ist? Lernen im Sinne selbstorganisierter Lernprozesse findet in jeder Veranstaltungsform statt. Allerdings unterstützen verschiedene Formen der Lernorganisation und verschiedene Lernumgebungen selbstorganisierte Lernprozesse in höchst unterschiedlicher Weise. Dennoch bleibt festzuhalten, dass selbstorganisiertes Lernen nicht mit einem Exklusivitätsanspruch versehen ist, der keine anderen Lehr-Lern-Konzepte zulässt, sondern dass es eine Erweiterung eines für notwendig erachteten Lernangebots darstellt. Insofern wäre die oben genannte Dreigliederung um einen weiteren Aspekt zu ergänzen, und zwar um die Frage danach, welche Veranstaltungsformen methodisch die Möglichkeit zum selbstorganisierten Lernen bieten, d. h. welche Konzepte es gibt,

Abbildung 11: Neue Medien in der Erwachsenenbildung

Die **Neuen Medien** haben die Erwachsenenbildung bereits verändert und werden dies noch weiter tun. Gewöhnlich zählt man dazu alle Medien, die in den letzten fünfundzwanzig Jahren auf der Grundlage der Digitalisierung und der durch sie möglichen Mikroelektronik entstanden sind. Dazu gehören vor allem die Rechner, neue Informationswege (Internet) und vielfältige Software-Angebote. In der Erwachsenenbildung spielen diese Neuen Medien auf mehreren Ebenen eine grundlegende Rolle:

- Sie verändern das gesamte **System der Wissensvermittlung**. Bildung, die früher die zentrale Funktion der Vermittlung von Wissen hatte, verliert diese an neue Informationsvermittlungssysteme, gewinnt aber immer stärker die Funktion der Orientierung, dazu gehören die Kompetenzen der Selektion, Selbststeuerung und kritischen Bewertung von medialen Informationen.
- Sie verändern das **Zeitbudget der Lernenden**; Bildungsangebote geraten absolut (in quantitativen Dimensionen) und relativ (in Bezug auf Flexibilisierung der Zeiten) in größere Konkurrenz zu medialen Freizeitangeboten, die ihrerseits auch (oft selbstgesteuerte) Lernzeiten enthalten – Flexibilisierung ist hier ein wichtiger Begriff.
- Sie verändern das **Wahrnehmungsvermögen** der Lernenden, Tempo, Bildhaftigkeit; Lernverhalten und Lernerwartung verschieben sich – hier ist bereits ein deutlicher Abstand zwischen den Generationen zu beobachten;
- Sie verändern – dies ist Thema der **Medienpädagogik** – die Vermittlung in pädagogischen Prozessen und die entsprechenden Erwartungen – die Kombination von medialen Lernformen mit sozial organisierten Formen wird die Regel.

Aus erziehungswissenschaftlicher Sicht kommt in Zusammenhang mit den Neuen Medien die Lernsoftware in den Blick. In der Vergangenheit wurde bei der Entwicklung von Lernsoftware allerdings zu viel Wert auf die technische Ausstattung gelegt und didaktisch-methodische Aspekte wurden eher vernachlässigt. Computer-based Trainings (CBT-Programme) orientieren sich oftmals noch an der behavioristischen Lerntheorie und sind nach dem Prinzip von „Drill and Practice" (Frage-Antwort-Muster) aufgebaut. Nicht allein aufgrund dieser unbeweglichen Lernmethode wurde eingesehen, dass computergestütztes Lernen allein nicht den erwarteten Lernerfolg erbringt, sondern eine Kombination verschiedener medialer und personaler Elemente erforderlich ist. Das neue Schlagwort heißt „Blended Learning" und bezeichnet die Verbindung von Online- und Präsenzelementen in den Lernangeboten.

(Quelle: In Anlehnung an Nuissl 2000, S. 136)

5. Angebote

die die Umsetzung des Ansatzes der Selbstorganisation in Erwachsenenbildungsprozessen ermöglichen, um Wege zum selbstorganisierten Lernen zu öffnen (vgl. auch Kap. 5.8).

Die Neuen Medien werden in diesem Kontext zu einem wichtigen Lernwerkzeug, dessen Nutzung eine spezifische Kompetenz bei den Lernenden voraussetzt (vgl. Abb. 11). Der Begriff Medienkompetenz, also die Fähigkeit zum Umgang mit den digitalen Medien, wird zu einem didaktischen Schlüsselbegriff.

5.5 Angebotstypen

Wie oben schon angemerkt, kann man vom Grundansatz her drei Typen von Angeboten unterscheiden: lernzielbezogene, problemorientierte und tätigkeitsbestimmte Angebote. Sie werden hier einführend vorgestellt (Kap. 5.5.1 bis 5.5.3), hinzu kommt ein Verweis auf „selbstbestimmtes Lernen" (Kap. 5.5.4).

5.5.1 Lernzielbezogene Angebote
Lehr- und Lernziele
Lernziele werden zwar auch heute noch als notwendig angesehen, aber eher im Sinne eines „notwendigen Übels". Das Ausdifferenzieren und Überbewerten von Richtzielen, Grobzielen und Feinzielen in den 1970er Jahren ist abgeklungen (vgl. Abb. 12). Lernziele sind, wenn sie von den Lehrenden formuliert werden, eigentlich „Lehrziele"; hier entsteht oft eine Konfusion der Begriffe. Wir verwenden in Folgenden nur den Begriff „Lernziele" als Bezeichnung dessen, was die Lernenden erreichen sollen.

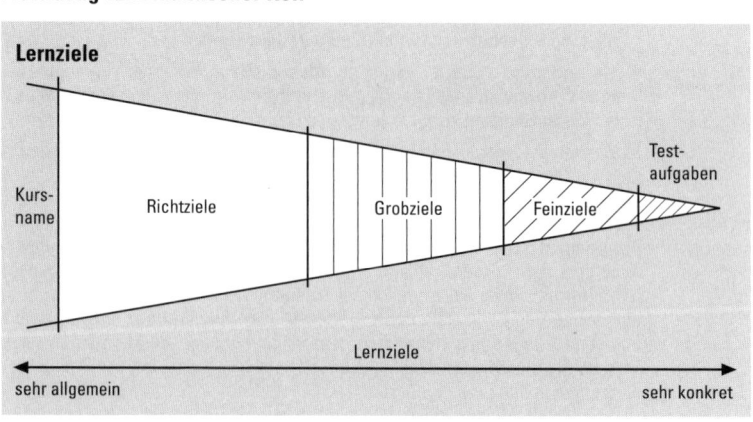

Abbildung 12: Didaktischer Keil

(Quelle: Ballewski u. a. 1979, S. 28 in Anlehnung an Ch. Möller 1976)

Dennoch bringt die Lernzielbestimmung eindeutige Vorteile, denn Lernziele
- können den Lehr-Lern-Prozess transparent machen, d. h., die Teilnehmenden gewinnen einen Gesamtüberblick und können nachvollziehen, mit welchem Schritt welche Ziele verfolgt werden,
- helfen bei der detaillierten Veranstaltungsvorbereitung,
- motivieren, wenn sie für die Teilnehmenden realistisch und erreichbar sind,
- ermöglichen eine begründete Partizipation der Teilnehmenden bei der Angebotsgestaltung,
- erlauben eine Schwerpunktbildung und den planvollen Einsatz von „Lernenergie",
- liefern die Begründung für die Auswahl der Inhalte und der Methoden,
- stellen die Grundlage für die Erfolgskontrolle dar, die gerade für Erwachsene einen hohen Stellenwert hat, da sie aus eigenem Interesse oder erkanntem Handlungsbedarf an Bildungsveranstaltungen teilnehmen; Lernerfolge bestätigen ihre Entscheidung und ermutigen zum Weiterlernen.

Konkrete und überprüfbare Lernziele können zudem die Möglichkeit einer Motivationsförderung bieten: Schon zu Beginn der Veranstaltung muss deutlich gemacht werden, dass auf die Erfahrungen der Teilnehmenden Bezug genommen wird, dass ihre Problemsichten beachtet und gesammelt sowie ihre Interessen und Fragestellungen berücksichtigt werden. In einem nächsten Schritt müssen dann Aufgaben möglichst klar beschrieben werden, um schrittweise die notwendigen Inhalte vermitteln und die Lösung der Aufgaben/Probleme erarbeiten zu können. In einer Phase der Sicherung wird den Lernenden durch Üben oder Kontrollieren die Möglichkeit einer eigenen Lernkontrolle gegeben, die besonders für Erwachsene eine motivationsfördernde Wirkung hat.

Lernzielbestimmte Angebote verführen sehr leicht zu einem vortragenden Verfahren. Andere Vorgehensweisen wie Lehrgespräche, Diskussionen, Materialerarbeitung, Plan- und Rollenspiel, Einzel-, Partner- und Gruppenarbeit oder Medienverwendung treten dann zurück (vgl. Kap. 6). Dies ist jedoch von Nachteil, wenn die Teilnehmenden unterschiedliche Voraussetzungen in Bezug auf Vorwissen und Lernerfahrung mitbringen. In diesem Fall ist eine so genannte innere Differenzierung notwendig, die nur mit Kleingruppen zu leisten ist. Gerade mit Blick auf die Zielgruppe Erwachsene eignet sich die Aufgabenorientierung als didaktisches Prinzip, weil dadurch die Lernziele überschaubar werden und das Gelernte unbefangen überprüft werden kann. Nicht zufällig ist die aufgabenorientierte Arbeitsweise im Rahmen des Fremdsprachenunterrichts entwickelt worden: Kommunikationsfähigkeit als Lernziel ist nur dann sinnvoll, wenn Alltags-

realität und Aufgabenstellungen so weit wie möglich übereinstimmen. Aufgabenorientierung ist aber auch in anderen lernzielbezogenen, berufsnahen Themenbereichen anwendbar, z. B. bei Computerschulungen, in Meisterkursen oder bei technischen Inhalten). Erwachsenengerechtes Lernen beinhaltet vor allem und unabdingbar,
- auf vorhandenen Kenntnissen aufzubauen,
- die Teilnehmenden zu aktivieren,
- eine Basis für autonomes Lernen zu schaffen,
- im Lehr-Lern-Prozess exemplarisch für Transparenz zu sorgen.

Diese Kriterien können in der aufgabenorientierten Arbeitsweise angemessen umgesetzt werden. Was aber heißt dies im Einzelnen für den lernzielbezogenen Bereich? Zunächst könnte man annehmen, dass hier die Maßgabe der Teilnehmerorientierung hinter der Stofforientierung und gegebenenfalls hinter den Anforderungen der Prüfungsbestimmungen zurücktreten muss. In der Tat müssen diese bei der didaktischen Planung im Auge behalten werden. Es gibt jedoch verschiedene Möglichkeiten, wie ein Lernstoff situationsbezogen und erwachsenengemäß vermittelt werden kann. Dies gilt sowohl für die didaktische Strukturierung als auch für das methodische Vorgehen. Sich Gedanken zu machen über die Notwendigkeit der didaktischen Reduktion und Rekonstruktion und über die vielfältigen Wirkungen unterschiedlicher Methoden, ist also durchaus sinnvoll. Denn für die Stoffvermittlung bietet sich immer sehr viel mehr an, als die Lernenden in der zur Verfügung stehenden Zeit aufnehmen können (vgl. Abb. 13). So ist ein Hauptkritikpunkt, der sowohl in der Praxis als auch bei entsprechenden Untersuchungen immer wieder zu hören ist, dass die Überfülle des Stoffes seine Verarbeitung beeinträchtigt.

Abbildung 13: Didaktische Arbeit

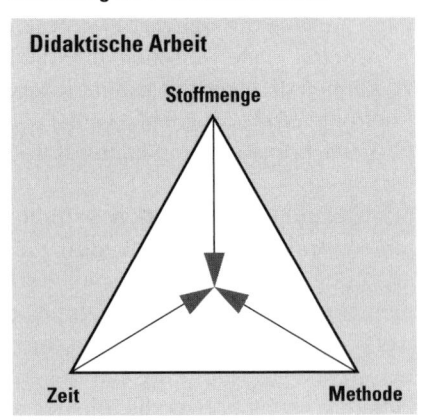

(Quelle: Crittin 1993, S. 76)

Die erforderliche didaktische Reduktion ist kein Geheimwissen: Da es zu einem erwachsenengerechten Vorgehen gehört, Lehr-Lern-Prozesse transparent zu machen, sollten die Lehrenden ihre Reduktionsentscheidungen zur Diskussion stellen. In jedem Fall sollten die Teilnehmenden erfahren, was zum Themenfeld gehört, aber im konkreten Fall nicht behandelt werden kann.

Didaktische Reduktion

Bei der didaktischen Reduktion geht es nicht nur um quantitative Fragen. Vielmehr ist auch hier die Teilnehmerorientierung ein wichtiger Aspekt. Denn je nachdem, was über Vorkenntnisse (Wissenshorizont oder Spezialwissen) der Teilnehmenden bekannt ist, können Teilinhalte fallweise ausgeblendet und es kann bei Verkürzungen auf die jeweiligen Lernstile Rücksicht genommen werden. Zudem kommt es nicht nur auf die Informationsmenge an, sondern auch auf die Abstraktionshöhe. Nur muss man im Auge behalten, was im Hinblick auf die Lernziele unumgänglich ist. Kriterien und Orientierungspunkte für die Auswahl und die Gewichtung sind daraus abzuleiten.

Abbildung 14: Stoffgliederung und Lernzielfestlegung

Es besteht eine Abhängigkeit zwischen Stoffgliederung und Lernzielbestimmung. Lernziele können nicht festgelegt werden, ohne dass sie gleichzeitig bestimmte Stoffelemente enthalten. Umgekehrt ist eine Stoffgliederung ohne Berücksichtigung der Lernziele sinnlos. Wir haben uns dieser Wechselbeziehung wegen dafür entschieden, beide Aspekte weitgehend gemeinsam zu behandeln. Während die Stoffreflexion zu einer ersten Abgrenzung und inhaltlichen Gewichtung der bisher sehr global bestimmten Themenbereiche führt, müssen Inhalte in den Lernzielen bereits konkret formuliert werden. Zunächst einige Überlegungen zur Stoffreflexion. Die Stoffgliederung wird sich natürlich am Ausmaß des beim Dozenten verfügbaren Wissens orientieren. Wir meinen, dass auch der beste Dozent starke und schwache Wissensbereiche bzw. Erfahrungsfelder hat und dass er nur die starken anbieten sollte. Im Rahmen der Stoffreflexion sollte insbesondere geprüft werden,

- ob der Stoff in seiner inhaltlichen Struktur bestimmte zeitliche Vor- und Nachordnungen notwendig macht (z. B. sollte nicht die „Funktionsweise des Lochers" vor dem „Aufbau der Lochkarte" besprochen werden),
- welche Inhalte für die zu erreichenden Qualifikationen besonders wichtig sind,
- mit welchem Abstraktionsgrad (...) die Themen zu behandeln sind,
- welche inhaltlichen Schwerpunkte sich aus den Erwartungen der Teilnehmenden ergeben,
- welche Lerninhalte besonders geeignet sind, um in den ermittelten Lernformen wirksam dargestellt zu werden,
- welche inhaltlichen Schwerpunkte an Hand der ermittelten individuellen Verwendungssituationen gesetzt werden können und müssen,
- welche Lerninhalte evtl. auf spezifische Motivationen hin aufgenommen werden sollten.

Diese Sammlung von Kriterien zur Stoffauswahl, die sich ggf. noch verlängern ließe, soll die Auswahl sinnvoller, kursspezifischer Stoffinhalte erleichtern. Es sollte zugleich klar sein, dass diese Reflexion immer nur am konkreten Fall, mit bestimmten Inhalten durchgeführt werden kann.

(Quelle: in Anlehnung an Ballewski u. a. 1979, S. 24 f.)

Wichtig ist es auch, Anknüpfungspunkte für ein selbstständiges Weiterlernen zu schaffen. Das exemplarische Vorgehen ist in diesem Zusammenhang sicherlich eine gute Methode, die dazu erforderliche Transferfähigkeit kann bei den Teilnehmenden aber nicht ohne weiteres vorausgesetzt werden. Deshalb bietet sich oft ein eher perspektivisches Vorgehen an, das es ermöglicht, der Erwartungshaltung und der Bedarfslage der Teilnehmenden gerecht zu werden.

Für Lernbereiche mit hierarchischer Stoffstruktur, also vor allem im Bereich wissenschaftlich orientierten Wissens, ist der so genannte didaktische Keil (vgl. Abb. 12, S. 56) ein geeignetes Reduktionsmittel, weil hier über systematisch aufeinander bezogene Lernziele eine stufenweise Elementarisierung vorgeplant und schrittweise je nach Anspruchsniveau differenziert werden kann. Beim Fremdsprachenunterricht ist noch am ehesten eine Kombination stofforientierter und teilnehmerorientierter Reduktion möglich, weil relativ gute Kenntnisse über den Wortschatzbedarf vorliegen und Begriffe wie Sprechhandlungskompetenz, Verständigungsstrategie oder Investigating Approach die Diskussion um das Was und Wie des Sprachenlernens von Erwachsenen bestimmen.

Anlass zu didaktischen Reduktionen kann neben der Informationsfülle auch die Komplexität des zu Lernenden sein. Darin liegen die eigentlichen Gefahren, die mit der Reduktion verbunden sind. Verkürzungen können nämlich entweder zu einer für die Lernenden nicht mehr nachvollziehbaren Abstraktionshöhe führen oder aber zu einer Vereinfachung, die der Komplexität des zu Lernenden nicht gerecht wird. Im erwachsenendidaktischen Alltagsgespräch werden diese Probleme gemeinhin mit der Empfehlung verdeckt, sich auf das Wesentliche zu beschränken. Meist verbirgt sich dahinter die „Faustformel", eine Verbindung oder eine Mitte zwischen inhaltlich Notwendigem und Erfahrungsbezogenem zu erreichen. Dafür ist es aber nötig, das Strukturdenken und das Bezugslernen ausdrücklich zu unterstützen. Dies wiederum braucht Zeit und erfordert fallweise unterschiedliche Aktivitäten der Kursleitenden.

Didaktische Rekonstruktion
Veranstaltungsleitende können sich auf didaktische Rekonstruktionen vorbereiten, indem sie sich am Anfang und gelegentlich auch während des Veranstaltungsverlaufs Fragen folgender Art stellen:
- Was ist als das jeweilige Basiswissen anzusehen?
- Wie kann das Übertragungsdenken gefördert werden?
- Lassen sich Niveaustufen des zu Lernenden ausmachen, die als didaktische Leitfäden verfolgt werden können?
- Inwieweit lassen sich Lernzielprofile für bestimmte Anwendungsbereiche beschreiben und in eine auswählende Planung umsetzen?

Damit sind auch schon Kriterien für die didaktische Rekonstruktion genannt, mit der die Reduktion lernwirksam ausgeglichen werden kann. Mit dieser Wechselwirkung ist zugleich ein Aspekt für die didaktische Planung von Aufbau und Ablauf angesprochen. Lernzielbestimmte Angebote werden meist stofforientiert gedacht, so dass nicht selten Eintönigkeit entsteht, die lähmend auf die Lernbereitschaft wirken kann. Deshalb verdient die Verlaufsgliederung besondere Aufmerksamkeit. Dies ist nicht allein eine Angelegenheit der methodischen Beweglichkeit, sondern der inhaltlich-didaktischen Dramaturgie, für die zu überlegen ist, inwieweit Vorlaufphasen, Spannungsmomente und Rückgriffe auf das Geleistete den Veranstaltungsverlauf bestimmen können. Ein derartig kritisch durchdachter Aufbau kann vor allem auch dazu beitragen, dass Informationen bzw. Lernanforderungen gleichmäßig verteilt werden und nicht am Ende einer Unterrichtseinheit und wiederum am Ende einer Veranstaltung eine Art „Schnelllernprozess" stattfindet, bei dem stofflich alles nachgeholt werden soll, was bis dahin nicht erarbeitet werden konnte, wenn also die Zeit-Stoff-Relation falsch eingeschätzt wurde bzw. Rückkoppelungs- und Umwegphasen bei der Planung nicht hinreichend vorgesehen waren. Ein weiterer wichtiger Planungsgesichtspunkt sollte dabei sein, Phasen einzubeziehen, die den Teilnehmenden von Zeit zu Zeit motivierende Erfolgserlebnisse vermitteln.

Ungeachtet knapp bemessener Zeit und der Notwendigkeit, bei lernzielbestimmten Angeboten die Aufmerksamkeit auf das zu richten, was definitiv erreicht werden soll, sollte daran gedacht werden, wie plausible Bezüge zu den Teilnehmenden hergestellt werden können. Dies kann über die Wahl der Beispiele, bei der Entscheidung für bestimmte Übungsthemen oder auch bei der Auslegung der Teilziele geschehen. Es muss entschieden werden, wie Momente der Alltagsrelevanz und der Betroffenheit berücksichtigt werden können und wie die Alltagsbedeutung des zu Lernenden deutlich gemacht werden kann. Damit sind schon Möglichkeiten des methodischen Vorgehens angesprochen.

Gruppenprozess
In der einschlägigen Literatur findet sich immer wieder das Grundmuster eines zweckmäßigen phasenweisen Vorgehens. Bei lernzielbezogenen Angeboten wird leicht übersehen, dass auch Gruppenprozesse stattfinden, die das Lernverhalten beeinflussen können. Die gruppendynamischen Erfahrungen haben dazu geführt, fünf Entwicklungsphasen im Gruppenprozess zu unterscheiden:
- Orientierung,
- Positionskampf und Kontrolle,
- Vertrautheit und Intimität,
- Differenzierung,
- Trennung und Ablösung.

5. Angebote

Die Merkmale von Positionskämpfen und Kontrollen als Gruppenphänomenen treten in lernzielorientierten Lernprozessen meist nur verdeckt auf. Sie lassen aber erkennen, mit welcher Art des Lernverhaltens in der jeweiligen Veranstaltung zu rechnen ist. Nur wenn dabei bestehende Vorbehalte abgebaut werden, können Vertrautheit und eine produktive Gruppenatmosphäre erreicht werden.

Die Veranstaltungsleitenden befinden sich dabei immer in einer schwierigen Situation: Sie sind einerseits Mitglieder der Gruppe, Akteure im sozialen und emotionalen Gruppenprozess, andererseits sind sie aber gezwungen, die Gruppe

Abbildung 15: Koordinatenkreuz des Kursleiterverhaltens

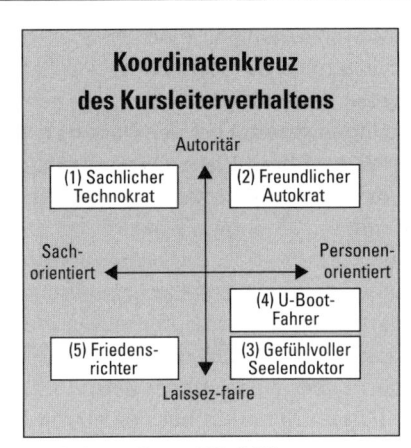

Koordinatenkreuz des Kursleiterverhaltens

Autoritär

(1) Sachlicher Technokrat
(2) Freundlicher Autokrat

Sachorientiert ⟷ Personenorientiert

(4) U-Boot-Fahrer
(5) Friedensrichter
(3) Gefühlvoller Seelendoktor

Laissez-faire

aus: Brokmann-Nooren 1994, S. 203

(1) Sachlicher Technokrat
»Er hat immer die Aufgabe, die erledigt werden soll, im Blick. Aggressionen werden abgewehrt mit dem Hinweis, doch lieber bei der Sache zu bleiben. Wie bei den anderen Teilnehmern blockt er bei sich selbst Emotionen als nicht zur Sache gehörend ab. Er ist kühl, aber stets höflich und daher nie angreifbar. Sollten doch Angriffe erfolgen, quittiert er sie mit hochgezogenen Augenbrauen.«

(2) Freundlicher Autokrat
»Er betont, daß alle ›im gleichen Boot sitzen‹. Sein Führungsanspruch resultiert daher, daß es zum Besten aller geschieht. Er wird menschlich, wenn er andere davon überzeugen muß, daß sie unrecht haben. Wenn er glaubt, eine ausreichende Mehrheit hinter sich zu haben, ist er nicht mehr zu bremsen.«

(3) Gefühlvoller Seelendoktor
»Konflikte werden möglichst vermieden. Treten welche auf, versucht er, sie sofort zu schlichten. Sein Motto heißt: Seid nett zueinander. Er ist stets bereit, Aufgaben zugunsten der persönlichen Belange der Mitglieder zurückzuschieben. Er stürzt sich mit Begeisterung auf die persönlichen Probleme einzelner und gibt sich erst dann zufrieden, wenn er seine Diagnose und seine Therapie angebracht hat. Natürlich hat er Verständnis für alle menschlichen Schwächen und ist auch sofort bereit, diese aufzugreifen, gibt es irgendwelche Äußerungen in dieser Hinsicht zu entdecken.«

(4) U-Boot-Fahrer
»Er zieht den Kopf ein, wenn es kracht. Konflikte und Aggressivität werden ängstlich vermieden, stellt er diese bei anderen fest, taucht er sofort unter. Er ist stets bereit, sich anzupassen, wenn er eine sichere Mehrheit findet. Aber auch dann legt er sich nie endgültig fest. (›Dafür könnt ihr mich nicht verantwortlich machen!‹)«

(5) Friedensrichter
»Er steht unangreifbar über allen und über allem. Er ist selbst natürlich jederzeit unparteiisch und stets objektiv. Daher hat er das Recht, den anderen zu sagen, was diese falsch machen. Seine vornehme Aufgabe ist es, zu schlichten und zu urteilen, wie es besser gemacht werden soll.«

(Quelle: Vopel/Kirsten 1974, S. 203)

und ihre dynamischen Prozesse gleichsam von außen zu betrachten. Zudem sind sie stets damit konfrontiert, dass die Teilnehmenden Eingriffe in den Lern- und Gruppenprozess einerseits erwarten und fordern, andererseits abwehren und kritisieren. Das generell gegebene Spannungsverhältnis zwischen Inhalts- und Teilnehmerorientierung kann hier noch eine besondere Variante erfahren, von der die Lernatmosphäre in einer Gruppe bestimmt ist. Gewöhnlich wird aus diesem Grund von einem Dilemma der Leitungsrolle in pädagogischen Prozessen gesprochen (zur Orientierung siehe Abb. 15). Vor dem Hintergrund dieses Dilemmas muss die aktuelle These gesehen werden, dass es in der Erwachsenenbildung nicht um das Lehren geht, sondern um das Ermöglichen des Lernens.

Methodenwahl
Aus dieser These resultiert auch die häufig zu hörende Forderung nach größtmöglicher Methodenvielfalt. Für die Abwechslung der Vorgehensweisen zu sorgen, scheint auch im Interesse der Lernenden und ihres Lernerfolgs zu sein. Allerdings sind immer wieder Übertreibungen zu beobachten, sei es aus dem Bedürfnis, es allen recht zu machen, sei es aus Freude an den Möglichkeiten der Medien. Ein dosierter Umgang mit Formen des Methodenwechsels und der Mediennutzung ist daher angebracht, um zu vermeiden, dass die Lernenden nicht mehr unterscheiden können, was von ihnen jeweils erwartet wird. Es ist zu überlegen, welche Vorgehensweisen sich für bestimmte didaktische Absichten besonders gut eignen. Auch muss damit gerechnet werden, dass einzelne Zielgruppen tendenziell unterschiedlich auf einzelne Vorgehensweisen und Unterrichtsmittel reagieren, je nachdem, welche Erfahrungen sie mit ihnen gemacht haben. Für die Methodenwahl gelten folgende Kriterien:
- Die Methode muss dem Inhalt und dem Lernziel angemessen sein.
- Auf die methodischen Vorerfahrungen der Teilnehmenden muss Rücksicht genommen werden.
- Die notwendigen Regeln bei der Anwendung von Methoden müssen bekannt sein und eingehalten werden. Dies gilt insbesondere für solche, die die beteiligten Personen in besonderer Form fordern (z. B. das Rollenspiel).
- Die Veranstaltungsleitenden sollten ihre eigenen Erfahrungen mit bestimmten Methoden einbeziehen.
- Die technische Ausstattung (Flipcharts, Pinwände, Overhead-Folien, Video, Lernsoftware, Multimediaprogramme etc.) sollte eine Hilfsfunktion haben und nicht um ihrer selbst willen eingesetzt werden.

In jedem Fall sind der Zeitbedarf und die zeitliche Begrenzung zu berücksichtigen. Dies gilt auch bei Methoden, die die Eigenaktivität der Teilnehmenden fördern. Forschungen haben gezeigt, dass bei Aktivierung und Visualisierung besonders gute Lernergebnisse erzielt werden. Dies ist jedoch abhängig von den jeweiligen Lernsituationen. Auch der häufig gegebene Rat, viel mit Beispielen zu arbeiten, sollte nicht dogmatisch gesehen werden, denn oft erfüllt ihre Verwendung gerade bei denjenigen Adressaten ihren Zweck nicht, für die sie traditionell als besonders notwendig erachtet worden sind, nämlich bei Lernenden mit geringem Vorwissen und wenig Lernkompetenz. Eine Übersicht über die Wahl der geeigneten Methode gibt Tabelle 1.

Tabelle 1: Wahl der geeigneten Methode

Methode	Vorteile	Nachteile/Gefahren	Einsatzbereich
Vortrag	• Übertragung großer Informationsmengen • Störungsfreie Informationsausgabe	• Passivität der Adressaten • Keine Rückkopplung • Geringe Lernwirksamkeit	• Einführung • Überblick • Vorbereitung einer Arbeitsphase
Lehrgespräch	• Erhöhte Aufmerksamkeit • Vermittlung von Erfolgserlebnissen • Entlastung des Dozenten • Rückkopplung	• Gefahr der Unverbindlichkeit durch ungenügende Steuerung • Konfliktgefahr durch falsche Reaktionen des Dozenten • Gefahr der Demotivierung durch falsche Impulse	• Erarbeitung neuer Inhalte • Aktualisierung von Vorwissen • Vertiefung
Programmiertes Lehrgespräch	• Entlastung des Dozenten durch weitgehende Vorstrukturierung • Gesicherte Darbietung der Kerninformation • Aktivierung durch systematische Aufgabenstellung • Vermeidung von Abschweifungen durch festgelegte Lernschritte	• Einengung der Flexibilität • Aufwendige Vorbereitung bei Neukonzeption	• Systematische Lehrstoffe • Vertiefung bereits gelernter Inhalte • Erarbeitung neuer Aspekte bei ausreichendem Basiswissen

5. Angebote

Methode	Vorteile	Nachteile/Gefahren	Einsatzbereich
Gruppenarbeit	• Aktivierung • Soziale Kontakte werden ermöglicht • Vertiefung und Einprägung durch Wiederholung in der Gruppe • Rückkopplung • Ergänzung und „Nachhilfe" • Entlastung des Dozenten	• Steuerung durch den Dozenten zeitweilig unterbrochen • Konflikte unter den Adressaten können unbemerkt entstehen • Unbemerkter Rückzug einiger Adressaten aus dem Lerngeschehen	• Fast immer im Verbund mit anderen Methoden • Nur in positivem Gesamtlernklima möglich • Diskussions- und kooperationsfähige Inhalte
Aufgaben-Diskussions-Verfahren	• Adressatenorientiert (starke Rücknahme der Dominanz des Dozenten) • Aktivierung der Adressaten • Entlastung des Dozenten • Rückkopplung	• Gefahr von Wissens- und Erkenntnislücken bei unsorgfältiger Auswertungsphase • Gefahr der Verunsicherung der Adressaten (Demotivierung) bei unzureichenden Lehrunterlagen	• Kognitive Lernziele • Fortbildung
Experten-Hearing	• Beglaubigung der Bedeutung von Inhalten • Ergänzung und Erweiterung der Dozenteninformation • Erhöhter Praxisbezug	• Gefahr der Abschweifung bei ungenügender Vorbereitung und Steuerung	• Fortbildung • Als Ergänzung systematisch behandelter Inhalte
Gelenkter Erfahrungsaustausch	• Uneingeengte Lernmöglichkeit • Starke Steuerung durch die Adressaten	• Gefahr der Unverbindlichkeit und Oberflächlichkeit bei ungenügender Vorbereitung	• Fortbildung • Dozenten oder Mitarbeiter in anleitenden Funktionen
Rollenspiel / Planspiel	• Realitätsnähe • Adressatenorientiert • Motivierend	• Gefahr überzogenen Theaterspielens (rumalbern)	• Verhaltenstraining • Entscheidungstraining
Lerngesteuertes Verfahren	• Individualisierung • Adressatenorientiert • Entlastung des Dozenten	• Gefahr der Oberflächlichkeit bei unzureichender Lernzielpräzisierung	• Fertigkeitsorientierte Lernziele

(Quelle: Boeckmann/Heymen 1996, S. 56 f.)

Abbildung 16: Allgemeine Kommunikationsregeln

Signale, die Aufmerksamkeit anzeigen
- den Körper zuwenden,
- Kopfnicken,
- Blickkontakt,
- freundliches Lächeln,
- Äußerungen, wie „Ja" und „hm",
- Wiedergabe einer Aussage mit eigenen Worten,
- Verbalisierung emotionaler Anteile einer Aussage.

Signale, die Desinteresse und Nichtverstehen anzeigen
- Blick abwenden,
- sich zurückziehen,
- Arme verschränken, sich zurücklehnen,
- andere ausfragen,
- mit anderen tuscheln,
- permanentes Aufs-Klo-Gehen,
- längeres oder sich wiederholendes Zum-Fenster-Hinausschauen,
- wiederholtes Zuspätkommen.

Was Teilnehmende bei der Seminarleitung als störend empfinden:
- schaut dauernd auf die Uhr,
- wirkt unter Zeitdruck,
- wirkt abgelenkt, blättert in Papieren,
- vermeidet Blickkontakt,
- ablehnender Gesichtsausdruck/Körperhaltung,
- weiß auf jede Frage eine Antwort,
- beantwortet alle Fragen gleich selbst,
- Themen werden ohne Erklärung gewechselt,
- stellt Fragen, ohne Begründungen mitzuliefern,
- redet selbst am meisten,
- wertet, moralisiert, interpretiert.

Killerphrasen

Killerphrasen verhindern einen Austausch und ein echtes Gespräch, indem sie den/die andere/n abblocken. Solche Killerphrasen sind z. B.:
- Das geht hier nicht.
- Dafür ist die Zeit zu knapp.
- Das kann ich jetzt nicht erklären.
- Dafür ist die Gruppe zu neu.
- Das haben wir schon oft versucht.
- Davor müssen wir aber noch ... erledigen.
- Was soll da schwierig sein?
- Das war noch nie so.
- Das können wir den anderen nicht zumuten.

(Quelle: Gugel 1993, S. 29 u. 31)

Sprachgebrauch
Die Gefahr eines zu hohen Abstraktionsgrades entsteht nicht nur auf Grund inhaltlicher Verdichtung und unanschaulicher Beispiele, sondern ist auch ein Problem der sprachlichen Präsentation. Wenn bei kritischen Äußerungen von Teilnehmenden über ihre Lernerfahrungen neben der stofflichen Überlast der Abstraktionsgrad genannt wird, so beruht dies nicht selten auf wissenschaftlichen Sprachgewohnheiten, die eine Neigung zur substantivischen Ausdrucksweise haben. Diese ist wohl nicht immer zu vermeiden, wichtig ist aber, dass ihr Gebrauch begründet und in Einzelheiten erläutert wird. Schwer verständlich ist auch ein komplizierter Satzbau, in dem zu viele und dazu noch verklausulierte Gedankengänge untergebracht sind. Es ist dann weniger die Inhaltsdichte, sondern eher die sprachliche Komplexität, die irritierend wirkt. Neben den gegenstandsbezogenen Regeln für den Sprachgebrauch sind allgemeine Kommunikationsregeln zu beachten (vgl. Abb. 16).

Pointiert formuliert: Die Lehrenden müssen lernen, „Feedback" wahrzunehmen oder anzuregen. Beim Sprachunterricht ist dies unbefangener zu bewerkstelligen als generell bei lernzielbezogenen Angeboten. Dennoch sollte auch hier darauf geachtet werden, dass schulische Prüfungssituationen vermieden und Kontrollen nur im Interesse der Lernenden durchgeführt werden. Fragen an die Teilnehmenden sind dabei differenziert einzusetzen.

Verständlichkeit
Ist eine Informationsvermittlung größeren Umfangs notwendig, muss ein möglichst hoher Verständlichkeitsgrad angestrebt werden, der am ehesten dann zu erreichen ist, wenn die Kriterien Einfachheit, Gliederung/Ordnung, Kürze/Prägnanz und zusätzliche Stimulierung erfüllt sind.

Das Kriterium Einfachheit bezieht sich auf Satzbau und Wortwahl:
- einfache Darstellung,
- kurze einfache Sätze,
- geläufiger Wortgebrauch,
- konkret, anschaulich,
- Fachwörter erklären.

Das Kriterium Gliederung/Ordnung zielt auf Transparenz ab, die durch innere Ordnung und durch äußere Gliederung hergestellt wird. Für die mündliche Information steht dabei im Vordergrund, wie konsequent die Aussagen aufgebaut sind. Eine Darstellung, die den Anforderungen von Gliederung/Ordnung entspricht, hilft nicht nur, Zusammenhänge zu erkennen, sondern erleichtert auch das Behalten.

Im Einzelnen werden bei dieser Dimension folgende Qualitätsmerkmale erwartet:
- gegliedert,
- folgerichtig,
- übersichtlich,
- gute Unterscheidung von Wesentlichem und Unwesentlichem,
- sichtbarer „roter Faden",
- logische Abfolge.

Das Kriterium Kürze/Prägnanz soll vor allem die Aufmerksamkeit auf das lenken, was sprachlich entbehrlich ist. Deutlich wird das an der negativ formulierten Untergliederung:
- zu lang,
- viel Unwesentliches,
- zu ausführlich,
- abschweifend,
- viel Überflüssiges.

Beim Kriterium zusätzliche Stimulierung geht es darum, inwieweit die Aussagen motivierend gestaltet bzw. formuliert sind. Folgende Teilaspekte können hier genannt werden:
- anregend,
- interessant,
- abwechslungsreich,
- persönlich.

Auch wenn die beschriebenen Dimensionen der Verständlichkeit einen beträchtlichen Auslegungsspielraum bieten, können sie doch zur Selbstkontrolle verwendet werden. Zu beachten ist allerdings, dass eine zu starke Orientierung an der Verständlichkeit dem Sprechen die Spontaneität nehmen und steril wirken kann.

5.5.2 Problemorientierte Angebote

Während es bei lernzielbestimmten Angeboten darauf ankommt, nachweisliches, gegebenenfalls überprüfbares Wissen zu vermitteln, sind problemorientierte Angebote auf die Förderung der Bewusstseinsbildung gerichtet. Ihre Ausprägung ist nicht definitiv festgelegt, sondern kann individuelle Formen annehmen. Dem entspricht unter inhaltlichem Aspekt, dass das Thematisierte verschieden ausgelegt werden, ja strittig sein kann. Im Vordergrund steht also die Persönlichkeitsbildung in der Tradition des humanistischen Bildungsverständnisses, bei dem es um das Streben nach Selbst- und Welterkenntnis geht. Neue Aktualität hat diese Einstellung durch die gesellschaftliche Entwicklung bekommen, die

Abbildung 17: Anforderungen an Methoden

Anforderungen an Methoden

Auswahl und Anwendung von Methoden müssen in drei Bereichen Mindeststandards erfüllen: auf der fachlichen, der pädagogischen und der methodischen Ebene.

1. Fachliche Ebene

Methoden sind nicht inhaltsneutral einsetzbar. Ihre Auswahl und Anwendung wird zum einen durch die Teilnehmergruppe, zum anderen durch die zu vermittelnden Inhalte und Ziele bestimmt. Auf der inhaltlichen (fachlichen) Seite müssen die angewandten Methoden gewährleisten, daß sie nicht verfälschen und auch nicht zu sehr verkürzen.

Deshalb ist zu fragen:
- Entsprechen die Inhalte dem Stand der Wissenschaft?
- Werden Gegenpositionen ausdrücklich und fair bezogen?
- Werden Begründungszusammenhänge und Ableitungen mitgeliefert?
- Wird die Abhängigkeit der Inhalte von Weltbildern (ideologischen Systemen) durchschaubar gemacht?

2. Pädagogische Ebene

Auf der pädagogischen Ebene müssen die Grundsätze einer emanzipatorischen Bildungsarbeit berücksichtigt werden:

- Knüpfen die Inhalte und Methoden an Vorwissen, Einstellungen und Verhaltenserwartungen der TeilnehmerInnen an?
- Werden die spezifischen Bedingungen der Zusammensetzung der TeilnehmerInnen bei der Methodenauswahl berücksichtigt?
- Tragen die Methoden dazu bei, Lernbereitschaft zu wecken und zu erhalten?
- Fördern die Methoden Eigeninitiative und selbstorganisierte Lernprozesse?
- Ermöglichen die Methoden Selbstreflexion und Handeln?
- Fördern die Methoden eine mehrdimensionale Sichtweise von Fragestellungen und Problemen?
- Sind die Methoden auf Dialog und Diskurs ausgerichtet?

- Berücksichtigen die Methoden, daß Lernen mit "Kopf, Herz und Hand" geschehen soll?
- Ermöglichen die Methoden eigene Kompetenzerlebnisse?
- Sind die Methoden mit der Offenheit von Lernprozessen anstelle von geschlossenen Lernmodellen vereinbar?
- Tragen die Methoden dazu bei, Methodenkompetenz bei den TeilnehmerInnen zu entwickeln?

3. Methodenkritische Ebene

Bei aller Vielfalt der Methoden gibt es doch grundlegende Prinzipien, die bei der Vorbereitung und Anwendung zu beachten sind. Hierzu gehören u.a. folgende Prinzipien von Methoden:

- *Die Reduzierung der Komplexität* von Wirklichkeit (exemplarisches Lernen). Die vielfältigen, oft undurchschaubaren Zusammenhänge der Wirklichkeit werden in der Bildungsarbeit exemplarisch auf ihren Grundgehalt zurückgeführt (ohne die Wirklichkeit zu verfälschen).
- *Das Prinzip der Kontrastierung* bzw. Pointierung. Durch Hervorhebung oder Überbetonung lenken Methoden die Aufmerksamkeit der Teilnehmer auf bestimmte Gesichtspunkte oder Fragestellungen des Themas.
- *Das Prinzip der Verfremdung* (gedankliche Distanzierung). Gewohnte oder verfestigte Sichtweisen werden durch ungewohnte Betrachtungsweisen aufgebrochen.
- *Das Prinzip der Anschaulichkeit* (Konkretheit, Visualisierung). Inhalte, Sachverhalte oder Probleme werden aus abstrakten Zusammenhängen gelöst und unmittelbar auf vertraute Sichtweisen und den schon vorhandenen Erfahrungshintergrund bezogen.
- *Das Prinzip des eigenen Tuns (Handelns)*. Inhalte werden aufgrund von aktivitäts- (oder erlebnis-) bezogenen Formen der Auseinandersetzung handhabbar.
- *Das Prinzip der Handlungsorientierung*. Politische Bildung soll durch Inhalte und Methodik letztlich zu kritischem politischen Handeln motivieren und befähigen.

(Quelle: Gugel 1994, S. 13)

sowohl zu einer selbstreflexiven als auch zu einer interkulturellen Problembewältigung herausfordert. Das kann seinen Niederschlag finden in Angeboten zur sozial-kulturellen Bildung im weitesten Sinn, sei es zur Besinnung auf sich selbst, sei es zur Auseinandersetzung mit gesellschaftlichen Problemen oder mit Erscheinungen der künstlerischen Ausdruckswelt.

Bei all diesen Varianten der Persönlichkeitsbildung, z. B. auch bei der Beschäftigung mit Erziehungsfragen, spielt das Kommunikative eine ausschlaggebende Rolle. Erwachsenenbildung als lebenslanges Lernen gewinnt dabei ihren Sinn über das Berufliche hinaus. Unter dem Aspekt der Veranstaltungsformen treten so neben den Informationskurs die Gesprächskreise, wobei es durchaus verschieden akzentuierte Zwischenformen gibt. In problemorientierten Angeboten zeigt sich deutlich, dass in methodischer Hinsicht das Spezifische und Eigenständige der Erwachsenenbildung zum Tragen kommt. Deshalb haben allgemeine Aussagen und Empfehlungen zur Didaktik und Methodik gerade diesen Bereich im Blick (vgl. auch Abb. 17).

Deutungsmuster
Erwachsene Menschen haben ein bereits vorhandenes und erprobtes System von Deutungen ihres Lebens und ihrer Lebensumwelt. Diese Deutungen sind gewachsen aus Erfahrungen, mit deren Hilfe Urteile über angemessene Sicht- und Verhaltensweisen gefällt werden konnten, die sich als handlungstauglich erwiesen haben. Sie bestehen teilweise aus „Vor"-Urteilen, in denen Informationen ohne eigene empirische Prüfung übertragen oder verallgemeinert werden. Deutungen sind nicht nur individueller Natur, sondern reflektieren auch gemeinsame Wahrnehmungs- und Interpretationsmuster von Menschengruppen. In den 1970er Jahren waren dies Klassen- und Schichtsysteme, heute spricht man von milieuspezifischen Deutungen.

Erwachsenenbildung, dies zeigen viele empirische Untersuchungen von Lehr-Lern-Prozessen, muss die Tatsache berücksichtigen, dass Informationen allein Deutungen weder außer Kraft setzen noch widerlegen. Lernbedürfnisse entstehen aber dann, wenn sich Deutungsmuster nicht mehr als (lebens-)tauglich erweisen. Auf jeden Fall ist den bestehenden Deutungsmustern Rechnung zu tragen. Fragt man danach, worin diese bestehen und worauf sie zurückzuführen sind, stellt sich oft heraus, dass sie nicht bewusst wirken. Wenn Erwachsenenbildung sich nicht als belehrend versteht, sondern Lernprozesse anregen will, dann kann es nicht darum gehen, ein Vorstellungsschema durch ein anderes zu ersetzen. Es sollte vielmehr angestrebt werden, zur Differenzierung beizutragen und so Orientierungsvermögen und Urteilsfähigkeit zu fördern. Teilnehmerorientierung als Problemorientierung erweist sich damit vornehmlich als eine Frage des

Arbeits- und Führungsstils und als eine Anforderung an das methodische Vorgehen. Gerade dies erfordert aber didaktische Überlegungen, wenn der Gesprächsverlauf nicht dem Zufall überlassen werden soll.

Lerninteresse der Teilnehmenden
Damit stellt sich auch bei problemorientierten Angeboten die Frage der didaktischen Reduktion. Die Leitfrage ist dabei, welches Lerninteresse die Teilnehmenden haben. Was ist bei ihnen vorauszusetzen, woran kann bei ihnen angeknüpft werden? Wichtig ist auch, Möglichkeiten des Anschlusslernens zu schaffen.

Allerdings werden sich bei der Vielfältigkeit der möglichen Inhalte und bei der Heterogenität der Teilnehmenden solche Möglichkeiten nicht leicht finden lassen. Gemeinsamkeiten bestehen schon eher bei den zu vermutenden Betroffenheiten, wie etwa bei politischen Problemen oder bei der Thematisierung lebensgeschichtlicher Zusammenhänge. Es ist nicht damit getan, das jeweils Grundlegende oder das von der Sache her Repräsentative zu verdeutlichen, sondern es gilt, das für die Teilnehmenden jeweils Relevante ausfindig zu machen. Da zudem Komplexitäten aufgelöst und Beziehungsgeflechte gelichtet werden, kann etwas verloren gehen, was für ein realitätsangemessenes Verstehen notwendig wäre. Lehrende sollten sich auch vergewissern, was für den anstehenden Themenbereich als Medienwissen angesehen werden kann, um dies möglichst bei der Reduktion oder Rekonstruktion zu berücksichtigen. Es ist dann leichter abzuschätzen, wo Verstehenslücken sind und wie sie aufgefüllt werden können.

Die Aufgabe der didaktischen Rekonstruktion bei problemorientierten Angeboten ist vor allem darin zu sehen, individuelle Impulse und soziale Gegebenheiten zu verknüpfen und das Wahrnehmen von Zusammenhängen und Wechselwirkungen zu fördern.

Zeitorganisation
Da problemorientierte Angebote oft in zeitlich ausgedehnteren Veranstaltungen stattfinden (Wochenendseminare, Tageskurse, Bildungsurlaube), könnten Lehrende annehmen, Reduktionsprobleme seien hier nicht so gravierend wie bei kurzzeitigen Abendveranstaltungen. Dies trifft aber nicht zu, weil der geringere Zeitdruck häufig zu einem stärkeren Ausleben der Gruppenprozesse genutzt wird oder weil ein Bedürfnis nach vertiefenden Diskussionen entsteht. Das Zurücktreten der sonst üblichen Ergebnisorientierung kann zu einer stärkeren Beachtung von individuellen Eigenheiten und unter Umständen auch zu Gruppenspannungen führen. Dabei macht sich eine gewisse Gesetzmäßigkeit in der Gruppendynamik bemerkbar; so ist etwa in Wochenseminaren, besonders wenn sie in Internatsform stattfinden, sehr oft gegen Ende des zweiten Tages ein Stim-

mungstief zu beobachten. Geringerer Zeitdruck und lebhafte Kommunikation können Veranstaltungsleitende aber auch dazu verführen, gute Absichten der Zurückhaltung zu vergessen und – durchaus teilnehmerfreundlich gemeint – alle nur denkbaren Facetten aufzuzeigen und so die Veranstaltung zu überfrachten. Hieraus erklären sich die manchmal zu hörenden Teilnehmerklagen, dass zu viel vorausgesetzt oder zu viel auf einmal geboten wurde oder dass die Darbietungsform zu kompliziert bzw. zu abstrakt war.

Moderation
Lehrende wechseln in problemorientierten Angeboten von der Rolle der Lehrenden in die der Moderierenden. Mit dem Begriff Moderation wird meist die Vorstellung einer zurückhaltenden Steuerung von Gesprächen verbunden. In der Tat liegt darin eine vorrangige Aufgabe. Es gehört aber auch dazu, Anregungen und gelegentliche Provokationen zu bieten oder die Übersichtlichkeit eines Diskussionsverlaufs zu gewährleisten. Ebenso schließt die Moderationsfunktion nicht aus, je nach Gegebenheit Informationsschübe einzubringen oder in Diskussionen durch inhaltlich gefüllte, perspektivische Beiträge den Gesprächshorizont und das Argumentationsrepertoire zu erweitern. Dies entspricht dem gesamten Spektrum der Lehrfunktionen.

Es wird also eine besondere Art der Interaktionssensibilität verlangt, in jeder neuen Situation zu erkennen, welches im Verlauf die passende Reaktion zwischen Steuerung und Zurückhaltung ist und wie die einzelnen vorgebrachten Gesprächsäußerungen gemeint sind. Dabei sind sowohl die Schwierigkeiten zu

Abbildung 18: Lehrfunktionen

- *Motivieren:* In jedem gesteuerten Lernprozess sollte sichergestellt werden, dass sich die Adressaten mit Interesse und Aufmerksamkeit dem Lerngegenstand zuwenden, da nur dann erfolgreiches Lernen stattfinden wird. Hierzu bedarf es in aller Regel gezielter Maßnahmen durch den Dozenten.

- *Informieren:* In jeder Lehrveranstaltung sollte die Sachinformation in einer Form bereitgestellt werden, die möglichst wirkungsvoll für den Lernprozess ist. Die Aufmerksamkeit der Adressaten soll auf die wichtigen Aspekte gerichtet werden.

- *Aktivität steuern:* Hierdurch soll erreicht werden, dass sich die Adressaten den Lehrstoff durch eigenes Handeln aneignen.

- *Rückmeldung geben:* Rückmeldung ist sowohl zur Verstärkung richtiger Verhaltensweisen als auch zur rechtzeitigen Korrektur von Fehlern erforderlich. Sie sollte systematisch in den Lernprozess eingearbeitet werden.

- *Erfolg kontrollieren:* Erst eine systematische Erfolgskontrolle kann Sicherheit darüber bringen, ob die Ziele erreicht wurden.

(Quelle: Boeckmann/Heymen 1996, S. 79)

berücksichtigen, die sich aus der sprachlichen Vermittlung ergeben, als auch diejenigen, die in der Problemverflechtung oder in dem emotionalen Engagement einer Teilgruppe begründet sind. Trotz dieser nicht zu unterschätzenden Probleme der Moderation sind im Gruppenprozess erarbeitende Verfahrensweisen insbesondere bei problemorientierten Angeboten den traditionellen Formen der Wissensvermittlung vorzuziehen.

Erarbeitendes Lernen

Die erarbeitende Vorgehensweise bedeutet, Inhalte nicht vorzugeben, sondern lediglich den Lernvorgang bewusst zu machen und die Lernenden zu eigenen Gedankengängen anzuregen, um dadurch Erfahrungen bewerten, Neues erschließen und Wechselbeziehungen begreifen zu können. Auf diese Weise kann Lernenergie entfaltet und das Selbstbewusstsein der Lernenden gestärkt werden. Die Teilnehmenden sollen ihre Lernschritte bewusst wahrnehmen und allmählich selbstständig mit Lernmaterial umgehen. In diesem Kontext bekommt auch die so genannte Fallmethode als spezifische Form der Aktivierung ihren Wert. Das Ausgehen vom konkreten Beispiel ist nicht nur übersichtlich und bietet die Chance, die Betroffenheit der Lernenden unmittelbar anzusprechen, sondern es enthält auch die Anforderung an die Lernenden, mit diesem konkreten Fall, aber auch über ihn hinaus zu arbeiten. Die Analyse des Falles wirft zugleich die Frage auf, warum er zum Anlass des Lernens gewählt worden und ob er „exemplarisch" geeignet ist. Dies kann weit reichende Erkenntniskonsequenzen haben. Darin liegt eine besonders akzentuierte Form der Aufgabenorientierung, mit der versucht wird, die Vorteile des aktivierenden Lernens mit der Notwendigkeit bewussten Reflektierens zu verbinden. Dabei kann es sich sowohl um praktisches Probieren als auch um theoretisches Erörtern handeln. Besonders geeignet ist die aufgabenorientierte Arbeitsweise – eine Variante des erarbeitenden, ermöglichenden Lernens – für zwei Themenbereiche, die in den letzten Jahren an Bedeutung zugenommen haben: die interkulturelle Bildung und die Umweltbildung.

Bei der interkulturellen Bildung geht es um das Nachvollziehen fremder Erfahrungswelten und Sichtweisen, um ein Voneinander-Lernen. Um dies zu ermöglichen, müssen Situationen geschaffen werden, die an konkreten und alltäglichen Kommunikationssituationen orientiert sind. Im Falle der Umweltbildung kann die Aufgabenorientierung die kommunikative Erschließung von Deutungsspielräumen bewirken und die Argumentationsfähigkeit erweitern und vertiefen. Entscheidend ist hier, dass Denkexperimente angeregt werden, ohne dass die Lebensnähe dabei verloren geht. Darüber hinaus zielt erarbeitendes Vorgehen darauf ab, möglichst verschiedene Beteiligungsarten auszulösen. Das kann dann besonders wirksam werden, wenn im Wechsel von Einzel-, Kleingruppen- und Plenumsarbeit vorgegangen wird.

Gruppenarbeit

Die Arbeit in Kleingruppen dient der Aktivierung der Teilnehmenden und kann zur Entwicklung kooperativer Verhaltensweisen beitragen. Auch können mit ihr Verständnisschwierigkeiten leichter erkannt werden. Durch die Übung des Umgangs mit Arbeitsmitteln (Textauszüge, Arbeitsmappen, Bildmaterial) wird ein selbstständiges Weiterlernen angeregt. Mit Hilfe der Kleingruppenarbeit wird der Erfahrungskreis möglicher Perspektiven erweitert. Allerdings ist die Art der Gruppeneinteilung und Aufgabenverteilung systematisch zu bedenken: Beides kann je nach Inhalt bzw. Gesprächsgegenstand und nach Situation der Gesamtgruppe unterschiedlich gewählt werden. Es ist sowohl eine auftragsgleiche Gruppenarbeit denkbar als auch eine, bei der jeweils verschiedene Aspekte zur gleichen Thematik erörtert werden. Besondere Sorgfalt ist darauf zu verwenden, dass die Arbeit in den Kleingruppen der Gesamtheit der Teilnehmenden angemessen vermittelt wird. Das kann schwierig sein, weil die Teilnehmenden hier selbst didaktisch-methodische Aufgaben übernehmen. Es ist aber eine gute Übung für Abstraktionsfähigkeit, Präsentations- und Reflexionsverfahren sowie für kooperative Gruppenstrukturen.

Teilnehmerorientierter Arbeits- und Führungsstil

Was zu einer erarbeitenden, ermöglichenden Arbeitsweise gehört, die zur Beteiligungsbereitschaft anregen und den Umgang mit Erfahrungen fördern soll, lässt sich am besten an folgenden Kriterien zeigen. Mit einem teilnehmerorientierten Arbeitsstil ist gemeint,

- zu sagen, was man vorhat,
- zu begründen, warum man es gerade so vorhat,
- gegebenenfalls das Vorhaben abzuändern, wenn sich dies nach einer ersten Diskussion als angebracht erweist,
- die einzelnen Lernschritte bewusst zu machen,
- auf eine Ergebnissicherung hinzuwirken, die den Problemcharakter und die Mehrdeutigkeit des Bearbeiteten erkennen lässt.

So zu verfahren bedeutet, den Lernprozess zu reflektieren und auf Verständnisschwierigkeiten eingehen zu können. Eine organisatorische Voraussetzung dafür ist vor allem eine überschaubare Sitzordnung.

Eine erwachsenengerechte Gesprächsführung ist dann gegeben, wenn folgende Merkmale des Interaktionsverhaltens beachtet werden:
- Geduld haben und warten, bis die Teilnehmenden von sich aus etwas sagen (können),
- sich orientieren an dem, was die Teilnehmenden einbringen (können), und klären, was sich daraus im Hinblick auf den Lernprozess entwickeln lässt,

- mit Blick auf die Motivation der Teilnehmenden den Lernprozess weiterführen,
- Sachverhalte und Verstehensvermögen in Beziehung zueinander bringen,
- den Charakter von Aussage, Tatsachenaussage oder Meinung wahrnehmen, die Aussageintention reflektieren,
- Falldarstellungen und Anwendbarkeit allgemeiner Regeln generalisieren,
- Begründungen von Aussagen erfragen, wobei dann auch die Frage zu stellen ist, was miteinander vereinbar ist und was nicht.

Weiterhin müssen die Veranstaltungsleitenden bei der Gesprächsführung
- die sich bildenden Rollenstrukturen aufgreifen und für das Gesprächsziel nutzen, d. h. zugleich die Funktion einzelner Beiträge erkennen und im Hinblick auf das Ziel koordinieren,
- Ordnungsfunktionen erfüllen, damit der Lernweg (Gesprächsgang) trotz aller spontanen Reaktionen, Zufälle, sinnvollen Nebenwege (Schleifen) eingehalten wird,
- Orientierungsfunktionen übernehmen, damit bewusst bleibt, wo man sich auf dem Lernweg (im Gesprächsgang) gerade befindet, und zwar sowohl im Hinblick auf das Fortschreiten als auch im Hinblick auf die Abstraktionsebene und auf die Möglichkeiten, Beziehungen herzustellen und Aspekte einzubeziehen, die nicht selbstverständlich sind.

All dies gehört zu einer gelungenen und wirkungsvollen Moderation. Da es vielen Gesprächsteilnehmenden aufgrund ihrer Lernbiografie schwer fällt, ihre Aufmerksamkeit auf die Aussagen anderer zu konzentrieren, sind zudem folgende Techniken sinnvoll:
- verständnisvoll auf Teilnehmerbeiträge eingehen,
- im Interesse anderer Gesprächsteilnehmender rückfragen,
- Teilnehmerbeiträge sinngemäß variieren und wiederholen.

Gegenüber den bekannten Sogtendenzen, die sich in Lehrgesprächen immer wieder durchsetzen und auf eine Teilthematik, auf bestimmte Betrachtungsweisen, auf bestimmte Aspekte, auf bestimmte Auffassungen fixieren können, ist die didaktische Mitte zu sichern: Übergewichte verhindern, Übereilung und Langatmigkeit vermeiden, Abstraktion und Anschauung, Skepsis und Dogmatismus, Personalisierung und Determinismus u. Ä. ausbalancieren. So kann die Ermunterung ebenso am Platze sein wie die Abwehr vorschneller Schlüsse, die Disziplinierung im Denken ebenso wie die Aufforderung, der Phantasie Raum zu geben, zügiges Voranschreiten ebenso wie der Hinweis, dass erst ein Hinterfragen auf die Probleme führt. Aufgabe der Moderation ist es also, Möglichkeiten und Gedankengänge deutlich zu machen, die von den Teilnehmenden nicht von selbst vorgebracht werden, aber für das Gesprächsthema relevant sind. Teilnehmerorientierte Gesprächsführung heißt dementsprechend, Hilfe zu leisten, um die Mehrdeutigkeit ertragbar zu machen. Erarbeitende Steuerung kann den Wahrnehmungsspielraum für Selbst- und Fremdentdeckung öffnen.

Zum teilnehmerorientierten Führungsstil gehört es auch, die verlaufsbestimmenden Äußerungen mit Zurückhaltung vorzubringen, damit den Teilnehmenden die Möglichkeit zu Alternativen bleibt und die Kursleitenden auf die Realisierung ihrer Verfahrensvorschläge verzichten können, wenn sie keine Zustimmung finden. Ob eine Gesprächsführung als teilnehmerorientiert oder leitungszentriert empfunden wird, hängt nicht allein davon ab, wie viel Zeit die Gesprächsleitenden für eigene Äußerungen beanspruchen und wie effektiv diese sind, sondern vor allem davon, in welcher Art und Weise die Steuerungsmöglichkeiten wahrgenommen werden.

5.5.3 Tätigkeitsbestimmte Angebote

Auf die Vorteile der Aktivierung braucht nicht gesondert hingewiesen zu werden, wenn die Besonderheiten des großen Bereiches der Eigentätigkeit anzusprechen sind. Dennoch ist hier zu überlegen, welche Steuerungselemente von den Lehrenden eingebracht werden sollten. Und auch hier gelten die allgemeinen Faktoren für ein günstiges Lernklima (vgl. Abb. 19).

Tätigkeitsbestimmte Angebote umfassen sowohl Möglichkeiten des handwerklichen und künstlerischen Gestaltens als auch zum Beispiel die Gesundheitsbildung oder einen Zwischenbereich wie etwa den Tanz. Im Gegensatz zur kognitiven Aktivierung bei problemorientierten Angeboten geht es hier auf den ersten Blick um manuelle und körperliche Betätigung, wobei aber durchaus die Ebene des Erlebens und des Sinnhaften mit angesprochen ist. Auch wenn davon unbelastet Fähigkeiten des Gestaltens vermittelt werden sollen, ist immer zu bedenken, dass die Teilnahme an solchen Veranstaltungen von dem jeweiligen Eigen-Sinn der Beteiligten geprägt ist, der nicht in festgelegte Verhaltensweisen eingezwängt werden sollte. Das Erproben des eigenen Gestaltens wird am besten durch eine Begleitung unterstützt, die auf Ermutigung abzielt, nicht aber Verhaltensvorschriften gibt. Die Beratung sollte sich vor allem auf das Erlernen der technischen Fertigkeiten beziehen, womit eine Grundlage für den Spielraum des subjektiv bestimmten Gestaltens gegeben ist.

In allen drei angesprochenen Lehr-Lern-Bereichen sind zwar die Entscheidungen im pädagogisch-didaktischen Bereich unterschiedlich, ähnlich sind jedoch die Fragen, auf die Antworten zu geben sind.

Abbildung 19: Was Lernprozesse begünstigt

Im Dreischritt vorgehen

Beim Aufbau von Bildungsveranstaltungen empfiehlt es sich, drei Lernschritte zu unterscheiden:

- *Informations- und Wahrnehmungsphase*: Worum geht es? Was wissen wir? Wie ist die Informationslage?
- *Reflexions- und Analysephase*: Warum ist das so? Welche Prinzipien und Faktoren sind erkennbar?
- *Anwendungsphase*: Was folgt daraus? Welche Handlungskonsequenzen sind denkbar?

Ergebnisse der Lernpsychologie berücksichtigen

- Bildungsarbeit (Lernen) sollte aktiv und nicht nur auf passives Zuhören oder Zusehen ausgerichtet sein.
- Wichtige Themen (Inhalte) sollten wiederholt dargestellt und bearbeitet werden, nur dann prägen sie sich ein.
- Die Themen sollten in verschiedenen Variationen und unterschiedlichen Situationszusammenhängen dargestellt werden, dann lassen sich Erfahrungen auch auf andere Bereiche übertragen.
- Die Themenbereiche sollten so strukturiert dargeboten werden, dass die wesentlichen Merkmale erkennbar und zugänglich sind.
- Die Themenbearbeitung sollte sich von vereinfachten Zusammenhängen zu komplizierten Zusammenhängen bewegen.
- Es geht nicht um mechanisches Einprägen von Begriffen oder Zusammenhängen, sondern um das Verstehen von Grundprinzipien.
- Weniger Themenbereiche und/oder Aspekte intensiver zu bearbeiten ist sinnvoller, als möglichst viele Themen nur „anzureißen".
- Die Seminarleitung sollte der Gruppe Rückmeldung über die Arbeit und die Arbeitsergebnisse geben.
- Die Teilnehmer und die Seminargruppe sollten sich möglichst konkrete Ziele setzen. Dabei sollte überprüft werden, ob diese Ziele auch die Ziele der Seminarleitung sind.

Mehrere Sinne ansprechen

Informationen (Inhalte), die nur über das gesprochene Wort vermittelt werden, werden kaum aufgenommen und wenig behalten. Wichtig ist, dass möglichst mehrere Sinne (neben dem Ohr das Auge, die Hand usw.) gleichzeitig angesprochen werden. Die Visualisierung von Informationen sowie der eigene Umgang damit, das eigene Verändern und Gestalten fördern nicht nur die Lust an der Auseinandersetzung mit einem Thema, sondern bewirken auch eher Lernerfolge.

Lernerfolge ermöglichen

- Nur diejenigen werden sich „Lernanstrengungen" unterziehen, die das Thema interessiert und denen das Lernen erfolgversprechend und nutzbringend erscheint.
- Das selbstständige Lösen von Aufgaben, das Bewältigen von gestellten Problemen oder auch einfach die Einsicht in bestimmte Zusammenhänge steigern erheblich die Motivation an einer weiteren Auseinandersetzung.
- Wer das Gefühl hat, dass ihm eine Veranstaltung nichts nützt („bringt"), der wird auch kaum Interesse und Beteiligung (und damit auch keine „Lernerfolge") zeigen.
- Lernen findet dann eher statt, wenn nicht nur die Seminarleitung, sondern auch die Bezugsgruppe der Teilnehmenden die jeweiligen Lernanstrengungen honoriert.

Aufnehmen und behalten

10 % beim Lesen
20 % beim Hören
30 % beim Sehen
40 % beim Hören und Sehen
60 % beim Darüber-Reden
80 % beim eigenen Entdecken und Formulieren
90 % beim eigenen Entdecken und Überwinden von Schwierigkeiten

(Quelle: Gugel 1993, S. 39)

5.5.4 Selbstorganisiertes Lernen

Selbstorganisiertes Lernen umfasst alle Lernformen, die dem Lernenden gegenüber traditionellen Unterrichtsverfahren ein erhöhtes Maß an Selbstbestimmung einräumen. Unter selbstorganisiertem Lernen wird gemeinsames inhaltlich und formal selbstgesteuertes Lernen in Gruppen verstanden, die von Moderator/inn/en in ihrer Selbstorganisation angeregt und begleitet werden und nicht sich selbst überlassen bleiben. Die Verantwortung dafür, ob, was, wann, wie, mit wem und woraufhin gelernt wird, geht damit in die Verantwortung der Lernenden über. Die Orientierung auf selbstorganisiertes Lernen bedeutet für die Erwachsenenbildung, sich neuen Konzepten, Methoden und Veranstaltungsformen zuzuwenden sowie die Rolle des Erwachsenenbildners neu zu formulieren.

Wird in bestimmten Feldern der Bildungsarbeit die Selbstorganisation zum leitenden Lernkonzept, so setzt dies entsprechende Umsetzungskonzepte für bestimmte Zielgruppen sowie dafür qualifizierte Erwachsenenbildner/innen voraus. Die Position der Lehrenden verschiebt sich durch den Paradigmenwechsel von Lehr- zu Lernaktivitäten. Das Lernen wird als der Kern didaktischer Debatten gewertet, und daraus resultierend ist Lehren als abhängige und nachgeordnete Größe zu sehen. Selbstorganisiertes Lernen ist eine Lernform, bei der die Lernenden
- selbst die Initiative ergreifen,
- ihre eigenen Lernbedürfnisse diagnostizieren,
- ihre Lernziele formulieren,
- Ressourcen organisieren,
- passende Lernstrategien auswählen.

An die Lernenden werden also hohe Anforderungen gestellt, und aus diesem Grund ist eine geeignete Form der Unterstützung durch professionelle Lernbegleiter erforderlich. Deren Aufgabe ist es,
- Menschen mit gleichen Interessen oder Problemen zusammen zu bringen,
- Räume und Geräte bereitzustellen,
- Organisations- und Verwaltungshilfe zu leisten,
- Lernmaterialien zu vermitteln und bei deren Auswahl zu helfen,
- Lernberatung zu geben,
- Gespräche zu moderieren,
- eigene Expertenhilfe bereitzustellen,
- Lernmedien zu entwickeln.

Die Lernintentionen, -thematiken und -methoden müssen verbunden werden mit den Lebensinteressen der Teilnehmenden. Dafür gilt es, den Lernenden viele

Entscheidungsmöglichkeiten über Ziele und Lernaktivitäten zu bieten. Selbstorganisiertes Lernen findet nämlich dann statt, wenn die Lernenden eigenen Handlungsproblemen als Lernthemen Bedeutsamkeit für sich selbst zuweisen und entsprechend ihren Lernprozess gestalten.

5.6 Programm- und Kursplanung an Volkshochschulen

Die Angebotsplanung an Volkshochschulen folgt den beiden Leitlinien „Kontinuität" und „Innovation". Kontinuität macht die Volkshochschule zu einem verlässlichen Anbieter, der den Teilnehmenden eine persönliche Bildungsplanung mit gesicherten Anschlussperspektiven über das Semester hinaus ermöglicht, Innovation sorgt für die permanente Aktualisierung der Angebote entsprechend sich verändernder Standards und gewandeltem Nachfrageverhalten. Die Planung der Programme erfolgt im Jahres- oder Halbjahresrhythmus, und die dabei zu treffenden Entscheidungen basieren auf Marktbeobachtung und der Vorjahresauswertung in quantitativer und qualitativer Hinsicht.

Ansprech- und Arbeitspartner für die Kursleitenden sind in der Regel die hauptberuflichen pädagogischen Mitarbeiter/innen (hpM), die je nach Größe der Einrichtung als so genannte Fach- oder Programmbereichsleiter/innen die Planungsverantwortung für ein bestimmtes Angebotssegment auf fachlicher Ebene oder in Hinblick auf bestimmte Zielgruppen – z. B. Migranten, Jugendliche, Ältere, Frauen – haben. Insgesamt ist in den Volkshochschulen ein Trend weg von der traditionellen Angebots- und hin zu einer stärkeren Nachfrageorientierung zu beobachten, der verstärkt auf Erkenntnisse des Marketing setzt (vgl. auch Kap. 2.2). Die Ausrichtung der Planung an den Informations-, Bildungs- und Qualifizierungsinteressen der Teilnehmenden bedeutet eine Relativierung der fachsystematisch begründeten Planung, denn die Lernwünsche der Teilnehmenden resultieren vor allem aus konkreten alltagspraktischen Situationen und verlangen von den Planenden einen Perspektivwechsel hin zur Nutzerorientierung. Gerade in dieser Frage ist das Praxiswissen der Kursleitenden für die Volkshochschule von großer Bedeutung, denn sie erleben in ihren Veranstaltungen sehr viel direkter als die Planenden, mit welchen Erwartungen die Teilnehmenden in die Kurse kommen.

Die Angebotsplanung, die bisher vor allem an Zielgruppen orientiert erfolgt, berücksichtigt inzwischen vereinzelt auch den Milieubezug. Die Nutzbarmachung der in der Soziologie entwickelten zehn SINUS-Milieus, die den Gruppierungen „Gesellschaftliche Leitmilieus", „Traditionelle Milieus", „Hedonistische Milieus" und „Mainstream-Milieus" zugeordnet werden, bietet Weiterbildungsplanenden ein differenziertes Instrumentarium zur gezielten Ansprache unterschiedlicher Personengruppen (siehe auch Kap. 3 und 4.5.2). Empirisch gewonnene Erkenntnisse über milieutypische Bildungsvorstellungen, Weiterbildungsinteressen und -barrieren, Ansprüche an Marketing, Ambiente und Methoden, thematische Präferenzen und Erwartungen an den Anbieter stellen für die Programmplanung der Volkshochschulen einen komplexen Bezugsrahmen dar, der ihrem Anspruch, den heterogenen Kundenwünschen, -interessen und -motiven zu entsprechen, in der Praxis entgegenkommt.

5.6.1 Markt und Nachfrage als Regulativ

Bei der Entscheidung über die Fortsetzung oder Neuaufnahme von Angeboten spielen die Vermarktungschancen eine wichtige Rolle. Hauptberufliche pädagogische Mitarbeiter/innen als Planungspartner der Kursleitenden müssen das Risiko des Kursausfalls wegen zu geringer Nachfrage abschätzen. Denn für die Volkshochschulen entstehen Planungskosten, und die Kursleitenden leisten unentgeltlich Vorarbeit. Die Entscheidung fällt jedoch nicht nur in Bezug auf die Inhalte, sondern auch mit Blick auf den Angebotsumfang und die damit verbundene Preiskalkulation. Vor dem Hintergrund von notwendigen Einnahmeerwartungen pro eingesetzter Unterrichtsstunde kann sich ein pädagogisch sinnvolles Modell als problematisch erweisen, wenn es dazu führt, dass der Kurs zu teuer wird. Je nach Programmbereich haben Volkshochschulen häufig unterschiedliche Erwartungen an den ökonomischen Ertrag eines Kurses: Er wird üblicherweise für bildungspolitisch gewollte und daher höher subventionierte Angebote für benachteiligte Zielgruppen niedriger angesetzt.

Abbildung 20: Portfolioanalyse

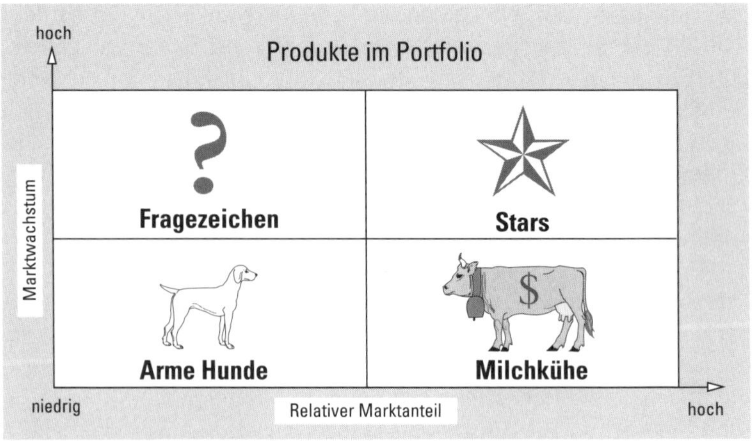

(Quelle: in Anlehnung an Kotler/Bliemel 2001)

Ein Planungsinstrument, das in Volkshochschulen bisher eher punktuell, aber doch in wachsendem Maß adaptiert und genutzt wird, ist die „Portfolioanalyse" der Boston Consulting Group. Sie ermöglicht es, die verschiedenen Produkte – also die Kursangebote einer Volkshochschule oder eines Fachbereichs – in ihrer Entwicklung bezogen auf Marktwachstum und Marktanteil zu untersuchen.

Die vertikale Achse der Matrix zeigt das jährliche Marktwachstum, die horizontale Achse den relativen Marktanteil. Gruppiert man Angebote in den einzelnen Feldern, so wird relativ klar ersichtlich, wo sich ein weiterer Einsatz von Ressourcen lohnt. Zu viele „arme Hunde" und zu viele „Fragezeichen" kann sich auf Dauer keine Einrichtung leisten. Andererseits können bestimmte „arme Hunde" als kalkulierter Teil des öffentlichen Bildungsauftrags beibehalten werden. Auch kann es sich lohnen, aus „Fragezeichen" unter Einsatz von verstärkten Marketing-Aktionen „Milchkühe" oder gar „Stars" zu machen, wenn bestimmte Nachfragetrends zu erwarten sind und sich die Volkshochschule hier womöglich als „Vorreiter" positionieren möchte.

5.6.2 Kursplanung und -ankündigung

Volkshochschulen haben wahrgenommen, dass die Individualisierungstendenzen zu veränderten Kundenbedürfnissen führen. Sensibilität für veränderte Bedürfnisse setzt eine hohe institutionelle Kommunikationsbereitschaft voraus. Um die jeweilige Klientel zu erreichen, muss an unterschiedliche Handlungslogiken potenzieller Adressat/inn/en angeknüpft und ein Nutzen versprochen werden. Dies erfordert einen Perspektivwechsel (von der Produzenten- zur Nutzerperspektive) und ein Pendeln zwischen Binnenperspektive und Außenansichten. Das gilt auch für Angebotsvorschläge von Kursleitenden, die häufig aus deren eigenen Arbeitsschwerpunkten und Interessen resultieren und unter dem Blickwinkel der potenziellen Teilnehmenden betrachtet werden.

In aller Regel werden die hauptberuflichen pädagogischen Mitarbeiter/innen mit den Kursleitenden keine gemeinsame Detailplanung vornehmen, wohl aber entscheidende Fragen klären, die sich in einer aussagekräftigen Kursankündigung niederschlagen. Diese hat einen entscheidenden Einfluss auf das Zustandekommen des Kurses und ist zentraler Teil der Öffentlichkeitsarbeit für das Angebot. Aufgabe der Kursankündigung ist es, potenziell Interessierten den individuellen Nutzwert des Angebots glaubwürdig zu machen und sie zum Besuch des Kurses zu animieren (siehe hierzu ausführlich Kap. 5.2). Je nach Organisationsrahmen der jeweiligen Volkshochschule sind Umfang, Art und Form der Ansprache etc. vorgegeben. Zumeist erscheint die Kursankündigung im Rahmen eines fachlich sortierten oder zielgruppenorientierten Gesamtprogramms.

Frühzeitig sollte geklärt werden, ob neben der Darstellung im Programmheft weitere Werbemöglichkeiten genutzt werden sollen: z. B. im Internet, auf einem Flyer mit ähnlichen Kursen, durch Einzelwerbung an speziellen Orten oder in einer Wochenblattbeilage, evtl. auch im lokalen Radio oder bei einer Sonderveranstaltung der Volkshochschule. Hier ist die jeweilige Besonderheit des Mediums ebenso zu berücksichtigen wie die Rezeptionsgewohnheiten der jeweiligen Adressaten.

6. Typische Situationen und Schwierigkeiten

Unabhängig von unterschiedlichen Fächern, Einrichtungen und Adressaten gibt es Fragen zur Lehre von Erwachsenen, die sowohl von Neulingen als auch von routinierten Lehrenden immer wieder gestellt werden. Sie beziehen sich häufig auf „Rezepte" für gelungene Anfangs- oder Abschluss-Situationen und auf das Verhalten bei Konflikten.

In der Erwachsenenbildung fängt die Lehre im Grunde schon dann an, wenn mit einer Weiterbildungseinrichtung ein Vertrag abgeschlossen wird. Er enthält in den meisten Fällen bereits „Eckdaten" zum Lehrangebot, die auch Eingang in die Programmankündigung finden. Sobald die Anmeldungen erfolgt sind und eine Teilnahmeliste vorliegt, kann anhand der konkreten Angaben über Anzahl, Geschlecht, Alter, ggf. auch Beruf und regionale Streuung der Teilnehmenden die Planung noch einmal in Bezug auf das organisatorische Vorgehen (Gruppeneinteilung etc.) und die gewählten Methoden überprüft werden (siehe ausführlich auch Kap. 5). Dies – und eine möglicherweise notwendige Korrektur der Planung – hilft bereits, voraussehbare Probleme bei der Lehre zu vermeiden. Die Planung muss, soweit es irgend geht, passgenau auf die Veranstaltung und die Lernergruppe zugeschnitten sein. Flexibilität und Improvisation sind notwendig, aber nur angemessen leistbar, wenn eine präzise Planung vorliegt.

Die ersten konkreten Schritte (im Wortsinne) der Lehrenden erfolgen noch ohne Teilnehmende: Wichtig ist es, vor Beginn die Räumlichkeiten zu besichtigen, in denen das Angebot stattfindet.
- Reicht die Größe, bezogen auf die Zahl der Teilnehmenden, aus? Wie sind die Lichtverhältnisse?
- Welche technischen Medien sind vorhanden?
- Entspricht die Anordnung von Stühlen und Tischen dem geplanten Lernziel?
- Gibt es Möglichkeiten zur Gruppenarbeit (mehrere Räume)?
- Wie sind die Zuständigkeiten im Haus (wo sind ggf. Schlüssel zu organisieren)?

Erst wenn diese organisatorischen Voraussetzungen geklärt sind, beginnt der eigentliche „Lehr-Lern-Prozess".

6. Typische Situationen und Schwierigkeiten

Abbildung 21: Sitzordnungen

Die klassische Schul-Sitzordnung

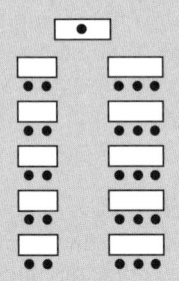

Vorteile:
- Für Referate gut geeignet.
- Eltern fühlen sich in der Schule/Schulerinnerungen steigen auf.
- Klassenzimmer muss nicht umgestellt werden.

Nachteile:
- Teilnehmer sind in der Regel passiver.
- Gespräche laufen v. a. zwischen einzelnen und dem Lehrer, Leiter ab.
- Erwachsene verhalten sich «wie Schüler».

U-Form oder Hufeisen

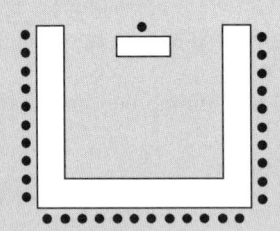

Vorteile:
- Günstig für Referate.
- Gute Sichtverbindung des Referenten/Leiters zu den Teilnehmern.
- Bekannte Sitzordnung (Versammlung, Feste).

Nachteile:
- Diese Sitzordnung braucht viel Platz; werden auch die Innenseiten bestuhlt, können sich viele Teilnehmer nicht mehr sehen.
- Grosse Distanzen zwischen den Teilnehmern

Quadrat

Vorteile:
- Es braucht wenig Planung.
- Diese einfache Sitzordnung kann als Aktion mit den Teilnehmern durchgeführt werden.
- Der Lehrer hat keinen exklusiven Platz.

Nachteil:
- Nicht alle Teilnehmer können sich sehen.

Gruppenbestuhlung

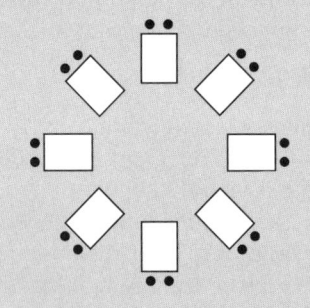

Vorteile:
- Diese Sitzordnung eignet sich ausgezeichnet für Gruppenarbeiten.
- Dadurch, dass sich alle Teilnehmer sehen können, werden sie auch weniger abgelenkt.

Nachteil:
- Diese Sitzordnung braucht viel Platz; bei vielen Teilnehmern wird der Platz schnell zu eng.

6. Typische Situationen und Schwierigkeiten

Sternsitzordnung

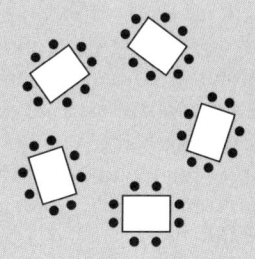

Vorteile:
- Ausgezeichnet für Gruppenarbeiten.
- Aktivere Sitzordnung.

Nachteile:
- Bei vielen Teilnehmern reicht der Platz nicht aus.
- Teilnehmer sitzen relativ weit auseinander.

Doppelkreis

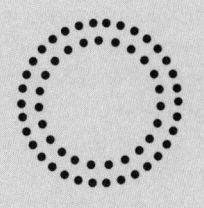

Vorteile:
- Sehr viele Teilnehmer haben Platz.
- Aufgelockerte Sitzordnung, die gesprächsanregend wirkt.

Nachteile:
- Nicht alle Anwesenden können sich sehen.
- Der äußere Kreis wird vielfach bevorzugt.

Kreis, ohne Tische

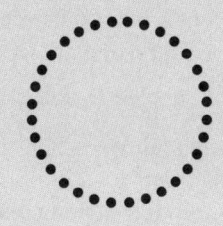

Vorteile:
- Tische als Barrieren fallen weg.
- Viele Teilnehmer haben Platz.
- Diese Sitzordnung fördert die Gesprächsatmosphäre.

Nachteil:
- Nicht alle Teilnehmer sind gewohnt, so frei im Raum zu sitzen. In Anfangssituationen fühlen sich viele Erwachsene in dieser Anordnung nicht so wohl; die Schutz bietenden Bänke fallen weg.

Gruppentische im Plenum

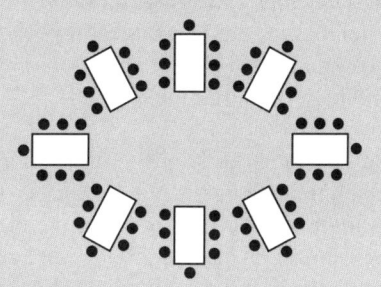

Vorteile:
- Diese Sitzordnung eignet sich ausgezeichnet für den Wechsel zwischen Arbeit im Plenum und Arbeit in Kleingruppen, ohne dass die Sitzordnung umgestellt werden muss.
- Die Kleingruppen bleiben auch im Plenum bestehen.

Nachteile:
- Nicht alle Anwesenden können sich sehen.
- Diese Sitzordnung braucht viel Platz.

(Quelle: Bruehwiler 1989, S. 21 ff.)

6. Typische Situationen und Schwierigkeiten

6.1 Anfangssituation

Der erste Eindruck ist immer entscheidend. Dies gilt für die Lehrenden ebenso wie für die Lernenden und für den Lernort. Die Anwesenheit der Lehrtätigen beim Eintreffen der ersten Teilnehmenden, die Begrüßung, das gemeinsame Anordnen der Stühle und Tische sind wichtig für die Atmosphäre im Kurs und die kommenden sachlichen und beziehungsmäßigen Arrangements. Von besonderer Bedeutung sind Sitzordnung (z. B. Hufeisen, Kreis, Stern) und Sitzweise (am Tisch, offen). Sie entscheiden nicht nur über Sehen-Können und Gesehen-Werden, sondern definieren auch die eher partnerschaftliche oder eher autoritäre Gesamtorganisation des Lehr-Lern-Arrangements (siehe Abb. 21).

6.1.1 Rollendefinition

Die Lehrenden legen gleich zu Beginn durch ihr Verhalten und ihr Auftreten fest, in welcher Weise sie wahrgenommen und angesprochen werden wollen. Damit definieren sie in der Regel auch die Zuständigkeiten und Aufgaben von Lehrenden und Lernenden. Man kann dies „Rolle" nennen, genauer: Ausfüllung einer Rolle. Dies zu ändern ist im Verlauf des gemeinsamen Lehr-Lern-Prozesses zwar möglich, erfordert aber viel Geschick und führt in der Regel zu Irritationen. Es ist daher besonders wichtig, schon vor Beginn der Veranstaltung die eigene Rolle zu definieren, die Stimmigkeit mit der eigenen Person sicherzustellen und den Umgang mit den einzelnen Teilnehmenden, mit der Gruppe und mit möglichen Konflikten vorauszudenken.

Jede und jeder Lehrende sollte sich von vornherein darauf einstellen, dass die Teilnehmenden nicht nur fachliche, sondern gerade auch soziale Kompetenz erwarten, die vom Zuhören-Können bis hin zu der Grundeinstellung reicht, andere Menschen als gleichberechtigt zu akzeptieren. Insbesondere der erste Eindruck wird fast ausschließlich über soziale Kompetenzen vermittelt und kann auf der Interaktions- und Beziehungsebene beschrieben werden. Fachkompetenzen kommen erst später ins Spiel und sind bei einer Gesamtbeurteilung in der Regel von geringerer Bedeutung. Heute erwarten Lernende in einem hohen Maß die Akzeptanz ihrer Selbstständigkeit und ihrer Zuständigkeit für das eigene Lernen. Das ist noch nicht „selbstgesteuertes" Lernen, aber eine wesentliche Grundlage für ein zielgerichtetes Zusammensein erwachsener Menschen. Das Gelingen nicht nur des Lernens, sondern auch des Lehr-Lern-Prozesses ist nicht allein Sache der Lehrenden, sondern beider Seiten.

6.1.2 Begrüßung

Die Art der Begrüßung, ihr Grad an Formalität, Offenheit oder Direktheit ist – auch wenn sie nicht unmittelbar zu Reaktionen der Lerngruppe führt und möglicherweise zu keiner Zeit thematisiert wird – ein Steuerungselement für den ganzen Kurs. Sie kann von den Kursleitenden im Verlauf der weiteren Kursabende variiert werden, kann aber auch der Beginn eines festgelegten Rituals sein. Formelle Begrüßungen wie: „Im Namen der (Weiterbildungseinrichtung XY) begrüße ich Sie recht herzlich zu unserem Seminar ..." sind bei einer größeren Anzahl zumal untereinander unbekannter Teilnehmender angebracht, während in kleineren Gruppen eine eher informelle Art sinnvoller ist; zum Beispiel: „Nachdem nun ebenso viele Personen hier sind, wie auf meiner Liste stehen, können wir ja gleich anfangen." Die Nennung des Themas der Veranstaltung zu Beginn ist nötig, um die – erfahrungsgemäß häufig vorhandenen – Zweifel der Teilnehmenden, ob sie auch wirklich im richtigen Kurs gelandet sind, zu klären und ggf. notwendige Korrekturen sofort zu ermöglichen.

Ein typischer Anfangsfehler ist eine zu leise oder zu unentschieden wirkende Begrüßung, die möglicherweise signalisiert, dass man nicht zu autoritär auftreten will, sie ist aber letztlich doch ein Ausdruck eigener Unsicherheit. Schon bei der Begrüßung gilt für Lehrende der Grundsatz: „Ich nehme wichtig, was ich tue". Es ist auch für erfahrenere Lehrtätige nützlich, sich selbst bei der Begrüßung immer wieder zu beobachten und diese Situation bewusst zu üben. Denn die Begrüßung läutet nicht nur offiziell die Veranstaltung ein, sondern legt die Grundlage für die gemeinsame Aufmerksamkeit gegenüber einem gemeinsamen Gegenstand.

6.1.3 Vorstellungsrunde

Am Anfang einer Veranstaltung sind die Teilnehmenden vermutlich ebenso unsicher wie die Lehrenden. Die lässige Haltung „Mal sehen, was kommt" ist meist nur vorgetäuscht. Um dieses situative Unbehagen etwas zu mildern, ist es üblich, mit einer Vorstellungsrunde zu beginnen. Damit wird zum ersten Mal ein „Regelwerk" befolgt, und es wird eine Gruppendynamik in Gang gesetzt. Vorstellungsrunden dienen offiziell dem Kennenlernen der Lerngruppe und, je nach Art des Vorgehens, auch der Offenlegung von Motiven, Erwartungen und Erfahrungen zum Thema. Darüber hinaus ermöglichen sie eine erste Verbindung von Lerngegenstand und Teilnehmenden. Bei der Wahl der geeigneten Vorstellungsform ist an die Heterogenität der Gruppe zu denken, an die verschiedenen Bedürfnisse und die individuell unterschiedlichen Zugangsweisen zum Lerngegenstand und zu den anderen Teilnehmenden. Über das traditionell bekannte, in Reihenfolge ablaufende Sich-selbst-Vorstellen hinaus gibt es mittlerweile eine Vielzahl von unterschiedlichen Vorstellungsformen (siehe Abb. 22).

Abbildung 22: Kennenlernen und Warming-up

Methoden, die das Kennenlernen erleichtern	Methoden, die das „Warming-up" fördern
Partnerinterview: entweder mit vorgegebenem Interviewleitfaden, als „offenes Interview" oder mit z. T. vorgegebenen Fragen. *Methode 66:* Die Kursleiterin oder der Kursleiter stellt ein wichtiges Problem (eine wichtige Frage) aus dem anstehenden Stoffgebiet so vor, dass die Teilnehmenden auch ohne größeres Vorwissen Position dazu beziehen können. Dann werden die Teilnehmenden aufgefordert, sich jeweils zu mehreren zusammenzusetzen und sich eine bestimmte Zeit (z. B. 6 Min.) über dieses Problem zu unterhalten. Nachdem die Zeit abgelaufen ist, werden die Gruppen gewechselt. *Blitzlicht:* Die Kursleiterin oder der Kursleiter stellt den Teilnehmenden den Arbeitsplan vor und weist auf mögliche Alternativen hin. Reihum wird von allen die Meinung zu den gestellten Alternativen geäußert. Während der Durchführung sollte von der Kursleitung weder kommentiert noch kritisiert oder nachgehakt werden. *Brainstorming:* Die Kursleiterin oder der Kursleiter lenkt in der Einführung auf eine Fragestellung aus dem anstehenden Stoffgebiet hin, zu der es keine objektiv richtige Lösung gibt (z. B. „Was kann man heute alles tun, um Energie im Haushalt zu sparen?"). Dann werden reihum Ideen und Einfälle gesammelt. Für die Durchführung gilt das gleiche wie beim „Blitzlicht". Je nach Teilnehmergruppe kann die Methode variiert werden. So können die Ideen auch zunächst aufgeschrieben werden. Die Blätter werden nachher ausgehängt, so dass alle Einfälle von allen zur Kenntnis genommen werden können. *Marktplatz:* Hier wird der ganze Raum genutzt. Zu einer „Kategorie" (z. B. Teilnahmemotiv, Lebensalter, Themenbezug) gibt die Lehrperson vier „Merkmale" oder „Ausprägungen" vor (z. B. bei Lebensalter: unter 25, 25 bis 40, 40 bis 60, über 60) und weist der jeweiligen Gruppe eine Raumecke zu. Dort hat sie sich über eine für alle vom Dozenten gestellte Frage zu verständigen und das Ergebnis den anderen mitzuteilen (z. B. bei Lebensalter: Was bedeutet Lernen gerade in diesem Alter?) Wichtig ist, die „Runden" (Kategorien) zu beschränken (maximal vier), für jede Runde neu in der Mitte des Raumes zu beginnen und für diejenigen, die kein auf sich zutreffendes Merkmal finden, die Raummitte als „Residualkategorie" zu belassen.	Generell alle Gruppenspiele ohne Konkurrenz- und Leistungsdruck, z. B.: *Das Infospiel:* Die Teilnehmenden stellen sich in Kleingruppen gegenseitig Fragen (z. B.: „Was ist dein Lieblingsessen?" o. Ä.), die vom Kursleiter oder der Kursleiterin vorher auf Kärtchen vorbereitet wurden. Auf einem großen Papierbogen werden sechs Felder eingezeichnet, auf die jeweils verdeckt ein Fragekärtchen gelegt wird. Feld sechs bleibt frei. Die Teilnehmenden (höchstens sechs pro Gruppe) würfeln der Reihe nach. Die erste Zahl ist die Nummer der Person, an die sich die Frage richtet. Die zweite Zahl ergibt das Feld, aus dem die Frage genommen wird. Wer die Sechs würfelt, darf eine Frage eigener Wahl stellen. *Das VIP-Schaukel-Spiel:* Alle Teilnehmenden bekommen einen Zettel auf den Rücken geheftet, auf dem Name einer bekannten Persönlichkeit steht. Sie gehen nun im Raum umher und müssen durch Befragen anderer Teilnehmerinnen und Teilnehmer herausfinden, welche bekannte Persönlichkeit sie darstellen sollen. Wenn drei Fragen gestellt wurden, soll weitergegangen werden, damit mit möglichst vielen Kontakt geknüpft werden kann. *Das Reporterspiel:* Es werden kleinere Gruppen gebildet, die vom Kursleiter oder der Kursleiterin jeweils einen Umschlag mit verschiedenen Fotos (aus Illustrierten o. Ä.) bekommen. Jede Gruppe soll zu diesen Fotos eine Geschichte (Reportage, Märchen usw.) erfinden und nachher im Plenum vortragen.

(nach Brokmann-Nooren 1994, S. 93)

Varianten bei all diesen Arbeitsweisen sind nicht nur möglich, sondern sollten zielgerichtet eingesetzt werden; dabei ist ein ausgewogenes Verhältnis zwischen spielerischen, sozial-kommunikativen und thematischen Aspekten anzustreben. Auch Erwachsene „spielen" ganz gerne, wollen aber auch zielgerichtet arbeiten.

Am Anfang steht im Allgemeinen die persönliche Vorstellung der Kursleitenden. Je ausführlicher und offener diese ausfällt, umso offener wird auch die Gruppe reagieren. Andererseits: Je ausführlicher sie ist, desto eher besteht die Gefahr, dass auch die Vorstellungsrunde der Teilnehmenden „ausufern" wird. Es ist daher nötig, sich auf die für alle wichtigen Informationen über die eigene Person zu konzentrieren. Dazu gehören vor allem:
- Name,
- Berufsposition,
- Bildungsbiografie,
- persönlicher Bezug zum Thema,
- persönlicher Bezug zur Institution (oder zur Lerngruppe),
- allgemein Persönliches, das im Verlauf des Kurses noch bedeutsam sein kann.

Direkt vor oder nach der Vorstellungsrunde sollten einige Grundregeln geklärt werden. Sie betreffen die Anredeform („Du" oder „Sie"), die Pausenregelung, das Rauchverbot, das pünktliche Einhalten von Anfangs- und Schlusszeiten usw. Dass die Teilnehmenden diese Eckpunkte sehr wichtig nehmen, bedeutet nicht, dass sie an den Inhalten weniger interessiert wären.

6.1.4 Interessen der Lernenden

Eine Klärung der Interessen der Anwesenden verschafft den Lehrenden die Möglichkeit, ihre Erwartungen und Vorstellungen anzupassen oder zu modifizieren, und es ermöglicht auch, dass sich die Gruppe untereinander über ihre jeweiligen Interessen verständigt. Darüber hinaus dokumentiert sie die Wertschätzung der Lernenden. Die Interessenartikulation zu Beginn der Veranstaltung (aber auch im Verlauf) ist auch eine Grundlage für weiteres Handeln, sie dient zudem dazu, unrealistische Erwartungen anzusprechen und notfalls zurückzuweisen. Besonders in „problemorientierten" Angeboten sollte die Interessenklärung möglichst präzise und auf das Seminar bezogen sein. So kann etwa über eine „Kartenabfrage" eine Transparenz des Interessenspektrums erreicht werden:

Alle Teilnehmenden bekommen drei Karten mit Satzanfängen („Ich wünsche mir von dieser Veranstaltung ...", „Ich möchte nicht, dass in dieser Veranstaltung ...", „Mich interessiert an dieser Veranstaltung besonders ..."), die vervollständigt und auf drei Wandzeitungen angebracht, ergänzt, erläutert und zusammengefasst werden. Eine solche Kartensammlung kann dann als Raumdekoration und zugleich als Basis für spätere Kursreflexionen dienen.

Ein typischer Anfangsfehler ist es, diese Interessenäußerungen *sofort* bearbeiten oder bereits in der Anfangsphase Unterschiede ausgleichen zu wollen. Ein ebenso typischer Anfangsfehler ist aber auch, nicht verbindlich den Umgang mit den formulierten Interessen zu erläutern – oder später nicht mehr darauf zurückzukommen.

6.1.5 Institutionelle Rahmenbedingungen

Feste Größen, die jedoch nicht als „Vorwand" missbraucht werden sollen, sind die institutionellen Rahmenbedingungen: Hausordnung, Raumbelegung, Entgeltregeln, Teilnahmelisten sowie Kaffee- und Teepausen. Diese für das Zustandekommen der Veranstaltungen nicht unwichtigen formalen Voraussetzungen stellen oft für eine entstehende Gruppendynamik in Anfangssituationen eine ernüchternde Ablenkung dar. Es erfordert Geschick und Einfühlungsvermögen der Lehrenden, diese Formalien als notwendig einzuführen und zu erklären, sie aber nicht in den Mittelpunkt zu stellen, damit sie für die Gruppe und die einzelnen Teilnehmenden nicht zur dominanten Erfahrung der ersten Stunde werden.

Die häufigsten Anfangsfehler sind in Abbildung 23 aufgeführt; zum einen, um Lösungsansätze zu liefern, zum anderen, um auch auf die „Normalität" dieser Fehler hinzuweisen.

Abbildung 23: Häufige Anfangsfehler

Fehler	Lösung
Eigene Perfektionsansprüche sind zu hoch	Unsicherheiten zulassen
Autoritäres Rollenverhalten, abstrakte Sprache, überbetont fachlich	Rollendistanz, genau hinhören, Pausen zur Reflexion einlegen
Kursleitung redet zu viel	Selbstbeobachtung, Mut zum Schweigen bzw. Angst vor Schweigen analysieren
Teilnehmeräußerungen werden als persönliche Kritik wahrgenommen	Selbstreflexion, sich die eigene Angst klarmachen
Teilnehmerkritik wird sofort abgeblockt	Konfliktsituationen antizipieren, Konflikte als normal akzeptieren
Angesichts zu großer Stofffülle bleiben viele Fragen unbeantwortet	Themen- oder Problemspeicher anlegen
Duzen und Siezen gehen durcheinander	Beziehungsebene ansprechen, Regeln vereinbaren
Formale Kursverwaltung steht im Vordergrund	Zeit-Inhalts-Struktur an das Ende des Kursanfangs setzen
Interessen der Teilnehmenden werden ohne Rückbezug zur Konzeption abgefragt	Verknüpfungsmöglichkeiten anbieten, visualisieren, für Teilnehmende transparent machen

6.2 Schlusssituation

In der einschlägigen Literatur findet man vergleichsweise wenig darüber, wie der Schluss eines Lehr-Lern-Prozesses mit Erwachsenen wirksam gestaltet werden kann. Leider kommt es oft genug vor, dass die Zeit überraschend schnell vergeht und am Ende quasi im Zeitraffer all das nachgeholt werden soll, was man versäumt zu haben meint. Dies ist nicht nur nutz- und fruchtlos, sondern auch deshalb besonders ungünstig, weil die Nachwirkung einer Veranstaltung in starkem Maß von deren Ende mitgeprägt wird. Deshalb sollte die Schlussphase besonders gut vorbereitet sein. Schon frühzeitig sollte zum Beispiel auf den Transfer des Gelernten in das tägliche Leben außerhalb der Veranstaltung hingearbeitet werden. Dies kann mit speziellen Reflexionsphasen und Transferübungen geschehen. Unabhängig davon soll aber bedacht werden, welche Bedeutung die eigentliche Schlusssituation haben soll und welche Form dafür gewählt wird. Wichtig ist, dass die eigentlichen Feedback-Verfahren im Verlauf der Veranstaltung bearbeitet werden (siehe Abb. 24). Die Schlusssituation ist auf die „Trennungsphase" zu konzentrieren.

Der Zeitpunkt der Schlussphase hängt von der Zeitstruktur des Kurses oder Seminars ab. In Wochenseminaren beispielsweise ist es üblich, am Abend des vorletzten Tages die Abschlussfeier zu veranstalten, am letzten Tag dann die „Seminarkritik" – den emotionalen und den rationalen „Schluss" also voneinander zu trennen. Wichtig ist es, eine Veranstaltung in aller Ruhe und in angemessener Relation zu ihrer Dauer zu beenden. So ist es sicher nicht sehr geschickt, einen Kurs mit zwölf Abendveranstaltungen mit einem zehnminütigen kurzen Gespräch abzuschließen. Der Schluss kann durchaus ebenso viel Zeit in Anspruch nehmen wie der Anfang.

Schlusssituationen haben strukturell immer zwei denkbare Richtungen: die eine rückwärts, auf die gemeinsam durchlebte Zeit gerichtet, die andere nach vorne, auf die Zukunft. Beide Blickrichtungen haben ihre Berechtigung, aber auch eine eigene Dynamik. Nach vorne, in die Zukunft gerichtet stellt sich zuerst die Frage, was die Lernenden aus der Veranstaltung „mitnehmen", umsetzen, in der Praxis gebrauchen können. Der Trennungsvorgang provoziert häufig Äußerungen wie: „Wir machen gemeinsam weiter", „Wann treffen wir uns wieder?" Die Kursleitenden sollten unbedingt nach den konkreten Interessen und Zielen der Teilnehmenden für eine solche Gemeinsamkeit nach der Veranstaltung fragen. Wichtig ist es, das „Weitermachen" nach der Veranstaltung auf die Einzelnen zu beziehen, diese zur Reflexion über die Praxis- und Umsetzungsrelevanz des Gelernten zu bewegen. Eine geeignete Arbeitsweise ist hier etwa das „Kofferpacken" – die Lernenden schreiben in Stichworten das, was sie mitnehmen, auf Karten, legen diese in einen real in der Mitte des Raumes liegenden Koffer und erläutern dabei der Gruppe, was und warum sie es mitnehmen.

Abbildung 24: Feedback

THESEN ZUR FEEDBACKTHEORIE

1. Unter Feedback verstehen wir einen Prozess, der kreisförmig verläuft. Jedes Verhalten von A innerhalb einer Gruppe – das einer Weitergabe von Informationen gleichkommt – bewirkt ein Feedback aller übrigen Mitglieder. Diese Rückkoppelungen wirken auf A zurück – aber auch auf alle anderen Mitglieder und Leiter, die wiederum weitere Rückkoppelungen auslösen.

   Dies hat zur Konsequenz, dass das Verhalten jedes einzelnen in einer Gruppe/Klasse im Zusammenhang mit dem Verhalten aller übrigen steht.

2. Feedback der Teilnehmer und Feedback der Leiter beeinflussen sich gegenseitig. Sie bedingen sich, sowohl in quantitativer als auch in qualitativer Hinsicht.

3. Es gibt zwei Ebenen von Feedback:
   a) das interpersonale/intergruppale Feedback,
   b) das ‹systemische› Feedback: das Insgesamt der selbstregulierenden Kräfte in einem System.

4. In jedem System sind zwei Grundkräfte wirksam:
   a) die morphostatischen, die den Status quo erhalten;
   b) die morphogenetischen, welche die Entwicklung des Systems vorantreiben.

   Das Ziel jedes Systems ist die Homöostase (Gleichgewicht): das System will sich erhalten, sich anpassen an die sich wandelnde Umwelt (Selbstregulation).

5. Wir unterscheiden zwischen positiver und negativer Rückkoppelung (Feedback):

   Positive Rückkoppelung

   Sie entsteht, wenn sich Wirkung und Rückwirkung gegenseitig verstärken, also gleichgerichtet sind. Positive Rückkoppelung ist notwendig, um in Systemen Dinge zum Laufen zu bringen (morphogenetische Kräfte).

   Negative Rückkoppelung

   Wirkung und Rückwirkung sind entgegengesetzt. Dem Gesetz der Selbstregulation folgend führt die negative Rückkoppelung zur Erhaltung des Bestehenden (Überhandnehmen der morphostatischen Kräfte).

   Für die Lebens-(Überlebens-)fähigkeit eines Systems sind positive und negative Rückkoppelungen erforderlich.

6. Meist will ein System nur soviel verändern, dass es ihm möglich ist, sich nicht zu verändern.

7. Feedback im Rahmen einer Ausbildung (Lernen) gehört in den Bereich der formativen Beurteilung. Feedback soll etwas aussagen über die aktive Gestaltung und Formung von Lernprozessen.

8. Feedback ist immer ein kommunikativer Akt. Das ‹Material› der Kommunikation besteht keineswegs nur aus Worten, sondern auch aus allen andern paralinguistischen Phänomenen, wie z. B.: Tonfall, Schnelligkeit, Langsamkeit der Sprache; Pausen, Lachen, Seufzen; Körperhaltung, Ausdrucksbewegungen, Schweigen.

9. Rückkoppelungen spielen eine entscheidende Rolle in der Entwicklung der sozialen Wahrnehmung und in der Identitätsfindung (u.a. durch die Veränderung des Selbst-/Fremdbildes).

Das Johari-Fenster

bezieht sich auf die Verhaltensweisen eines Menschen und zeigt auf eine schematische, aber eindrückliche Weise die Auswirkungen, die Möglichkeiten von Rückkoppelungen.

Sb: dem Selbst bekannt
Sbn: dem Selbst nicht bekannt
Ab: dem andern bekannt
Abn: dem andern nicht bekannt

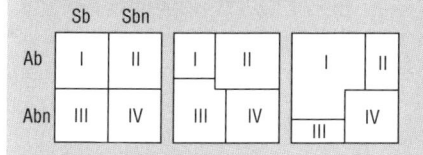

	Sb	Sbn
Ab	I	II
Abn	III	IV

	Sb	Sbn
Ab	I	II
Abn	III	IV

	Sb	Sbn
Ab	I	II
Abn	III	IV

I: Bereich der freien Aktivität (öffentliche Person)
II: Bereich des blinden Flecks
III: Bereich des Vermeidens, Verbergens (Privatperson)
IV: Bereich der unbekannten Aktivität (auch Unbewusstes)

Das Johari-Fenster zeigt, dass ein funktionierendes Feedback-System es möglich macht, die Verhaltensweisen des I. Quadranten auf Kosten der Quadranten II und III auszuweiten. Der Quadrant IV wird in der Regel nur durch therapeutische Bemühungen verkleinert.

THESEN ZUR FEEDBACK-PRAXIS

1. In der Feedback-Praxis ist darauf zu achten, dass häufig offensichtlich ‹krankhafte› Züge der einen für die offenbare Normalität der andern funktional sind und dass sich möglicherweise die Homöostase einer Gruppe/Klasse gerade auf das Vorhandensein bestimmter störender Verhaltensweisen abstützt.

2. Es gibt viele Methoden- bzw. Übungssammlungen für die Feedback-Praxis. Feedback ist aber weniger eine Methodenfrage als vielmehr eine Einstellungsfrage. Methodensammlungen können aber einen guten Einstieg bieten.

3. Feedback soll Regulierung – Steuerung – Formung des Lernprozesses ermöglichen.

4. Je länger, je häufiger Feedback keinen (direkten) Einfluss auf den laufenden Prozess hat, desto mehr geht die Bereitschaft zurück, explizite Feedbacks zu geben.

5. Für einen Klassenverband, für eine Kursgruppe in der Erwachsenenbildung ist die Feedbackintegration von grosser Bedeutung, wenn die Arbeitsgemeinschaft ein offenes, entwicklungsfähiges System bleiben will. Wo, wie, wann, durch wen geschieht die Feedbackintegration?
Die Lehrer- bzw. Kursleiterkonferenz könnte von Zeit zu Zeit auch als Feedback-Konferenz gestaltet werden (systemisches Feedback).

6. Überall wo agiert und reagiert wird, ist auch Feedback wirksam (vgl. auch das Axiom von P. Watzlawick: «Ich kann mich nicht nicht verhalten.»).
Nur: meistens wird das Vage, Unbestimmte der Klarheit vorgezogen.

7. Welches sind die morphostatischen bzw. morphogenetischen Kräfte in meiner Klasse, in meiner Kursgruppe?
Welche positiven und negativen Rückkoppelungstendenzen stelle ich bei mir fest? In der Teilnehmergruppe? In der Klasse?

8. Die Form des Feedbacks entscheidet in der Regel über deren Wirksamkeit:

Kriterien:

- zur richtigen Zeit
- Wahrnehmungen, Vermutungen und Gefühle äussern
- kurz und begrenzt
- Unmittelbarkeit
- Klassen-, Gruppenfeedback
- ohne Zwang zur Veränderung
- Ziele verdeutlichen
- zuhören und überprüfen
- Reaktionen über das Feedback mitteilen

(Quelle: Bruehwiler 1989, S. 137 f.)

Bei dem rückwärts gerichteten Abschluss ist wichtig, zu wissen und zu vereinbaren, zu welchem Zweck er erfolgt. Wenn die Lehrenden die Schlusssituation dazu nutzen wollen, von den Teilnehmenden eine Bewertung der Veranstaltung zu bekommen, sollten sie nicht „nach Komplimenten fischen". In Schlusssituationen herrscht ohnehin ein Hang zur Verklärung der gemeinsamen Gruppenerfahrungen. Diese rückwärts gewandte Reflexion sollte nicht auf ein Feedback an die Lehrperson reduziert, sondern als gemeinsame Reflexion eines gemeinsamen Prozesses gestaltet werden, die nach Möglichkeit über Einzel- und Gruppenarbeit aufzubauen ist, um die Gefahr der Dominanz der Wortführer im Plenum zu vermeiden.

6.3 Konfliktsituationen

Auch die beste Planung und Vorbereitung kann Konflikte im Verlauf eines Lehr-Lern-Prozesses nicht verhindern. Durch systematisch eingebaute Reflexions- und Feedback-Phasen kann Konfliktpotenzial, das sich normalerweise in gruppen-

Abbildung 25: Verhalten in Konfliktsituationen

Checkliste: „Was tun in schwierigen Situationen?"

Realität erfassen

1. Wessen Arbeitsfähigkeit ist gestört?
2. Wie sehen und erleben die Beteiligten das Problem?
3. Was sollen die Beteiligten voneinander wissen?
4. Wenn nichts getan wird: Wie wird sich die Situation entwickeln?
5. Soll ich handeln, sollen andere handeln?
6. Wann soll gehandelt werden?
7. Was soll das Handeln bewirken?

Arbeitsfähigkeit herstellen

8. Was möchten die Beteiligten anders haben?
9. Was wollen/was können die Beteiligten dafür tun?
10. Was wäre eine gute Maßnahme/Vereinbarung?
11. Was ist zu tun, wenn die Maßnahme/Vereinbarung nicht klappt?
12. Wie steht es jetzt mit der Arbeitsfähigkeit?

(Quelle: Weidenmann 1995, S. 209)

dynamischen Prozessen ansammelt und ausdrückt, zwar bis zu einem gewissen Grad abgebaut, aber nicht ganz beseitigt werden. Lehrende müssen daher wissen, dass Konflikte zu erwarten sind. Konkrete Schwierigkeiten jedoch können sie nicht vorhersehen. Sie sollten sich also darauf einstellen, in plötzlich auftretenden Konfliktsituationen improvisieren und schnelle Entscheidungen treffen zu müssen (vgl. Abb. 25).

6.3.1 Improvisation

In der Erwachsenenbildung hat die „Improvisation" eine lange Tradition und eine hohe Relevanz für die alltägliche Arbeit. Allerdings wird die Fähigkeit zur „Improvisation" oft verwechselt mit der Auffassung, eine professionelle Vorbereitung und Planung sei gar nicht nötig. „Unvorhersehbares" zu meistern setzt jedoch ein professionelles pädagogisches Handwerkszeug ebenso voraus wie eine solide Angebotsplanung und -vorbereitung (siehe Kap. 4). Grundlage für die Bewältigung von Konflikten im Lehr-Lern-Prozess ist die Fähigkeit, diese überhaupt zu erkennen. Solange der Blick nur auf den Lerngegenstand, den zu vermittelnden und zu erarbeitenden Stoff gerichtet ist, werden Konflikte in ihrer Entstehung und ihrer Auswirkung gar nicht wahrgenommen.

6.3.2 Didaktisches Dreieck

Die Aufmerksamkeit der Lehrenden muss zu gleichen Teilen auf die Lerngruppe und die Lernenden, auf den Stoff und auf die eigene Lehrtätigkeit gerichtet sein. Wenn eine dieser Ebenen (bzw. eine der „Ecken" dieses Dreiecks) unzureichend beachtet und nicht mit den anderen Ebenen in Beziehung gesetzt wird, können Konflikte nicht angemessen eingeschätzt werden. Widerstände beim Lernen haben nie nur mit dem Stoff, Konflikte der Lernenden untereinander haben nie nur mit gruppendynamischen Problemen zu tun. Und immer ist die Person des oder der Lehrenden Teil des Geschehens. Konfliktwahrnehmung heißt, nicht nur die anderen und den Fortgang des geplanten Lernprozesses, sondern auch sich selbst in der Interaktion zu beobachten.

6.3.3 Einzelgespräche

Zu den Konfliktsituationen könnte man auch Einzelgespräche zählen, die gelegentlich von Teilnehmenden gesucht werden, wenn sie Lernschwierigkeiten haben und sich beraten lassen möchten. Nicht selten richtet sich dieses Beratungsbedürfnis allerdings auch auf Krisen im Privatleben. Solche Situationen verlangen von den Lehrenden ein hohes Maß an Sensibilität, um entscheiden zu können, ob hier ein Beratungsgespräch die eigene Kompetenz übersteigt und ob nicht eher Hinweise auf andere Beratungsstellen angebracht sind. Wichtig ist es, in der Analyse wahrgenommener Phänomene (bei der Gruppe, bei sich selbst, im Fortgang des Lernens) zwischen Beziehungsebene und Stoffebene zu trennen. Es sind daher, wel-

che Konflikte und Probleme auch immer wahrgenommen werden, in jedem Fall drei Prüffragen zu stellen und für sich selbst zu beantworten:
- Was nehme ich wahr?
- Welche Beziehung zwischen den „Ecken des didaktischen Dreiecks" erkenne ich?
- Was liegt auf der Beziehungs-, was auf der Stoffebene?

Erst nach einer ausreichenden Analyse der wahrgenommenen Konflikte sollten jeweils spezifische Lösungsmöglichkeiten gesucht werden. Nicht alle schwierigen Situationen müssen pädagogisch relevant sein und Konsequenzen für den gemeinsamen Gruppenprozess haben.

6.3.4 Lerngruppe und einzelne Teilnehmende
Typische Konfliktphänomene in Bezug auf die Lerngruppe sind:
- gehäufte unechte (rhetorische) Fragen, die eher Meinungsäußerungen sind; gehäuftes Auftreten von „Killerphrasen" („Das geht ja doch nicht ...", „das haben wir schon alles versucht ..." usw.),
- geschlechtsspezifisches Ungleichgewicht (z. B. Dominanz von Männern in naturwissenschaftlichen oder EDV-Kursen),
- unregelmäßige Teilnahme mit dann jeweils unterschiedlichen Voraussetzungen für den nächsten Kursteil,
- unerklärtes Wegbleiben von Teilnehmenden,
- unterschiedliche Aufmerksamkeit der Gruppe im gemeinsamen Diskussionsprozess.

Vielfach treten auch Probleme auf, die mit einzelnen Teilnehmenden zusammenhängen. Dies können u. a. folgende sein:
- Sie reden besonders viel (und nicht immer auf den Gegenstand bezogen).
- Sie verhalten sich, als wären sie Co-Referenten oder Co-Dozenten (mit bewertenden und steuernden Impulsen).
- Sie sind passiv und schweigsam.
- Sie widersprechen häufig.
- Sie „stören" die Gruppe (durch Mimik und Gestik, Gespräche mit den Nachbarn usw.).

6.3.5 Stoff
Probleme mit dem Stoff sind gewöhnlich daran zu erkennen, dass
- geplante Zwischenstände an Wissen nicht erreicht werden,
- andere Ergebnisse als erwartet erzielt werden (z. B. in Arbeitsgruppen),
- Aufgaben nicht erledigt werden.

6.3.6 Lehrende

Die Probleme von Dozent/inn/en sind am ehesten an folgenden Merkmalen zu erkennen:
- Sie nehmen Kritik am Lerngegenstand und am Lernprozess als Kritik an der eigenen Person wahr.
- Sie rechtfertigen sich, anstatt zu erklären und zu begründen.
- Sie versuchen, eigene Unsicherheit und Unkenntnis zu verheimlichen.
- Sie lassen erkennen, dass sie einzelne Teilnehmende besonders mögen, andere nicht.
- Sie appellieren moralisch, anstatt zu motivieren und zu fragen.
- Sie fühlen sich für alles, was im Kurs geschieht, verantwortlich.

6.3.7 Vorgehensweisen

Je nach Gruppenstruktur, Lerngegenstand und Stand des Gruppenprozesses können sich hinter diesen Wahrnehmungen unterschiedliche Gründe verbergen, die es als potenziell konfliktauslösende Momente auszuloten und auszuhalten gilt. Die Entscheidung über die Art des Eingreifens und der Ausgleichsversuche kann nur aus der Situation heraus getroffen werden. Bei länger andauernden Konfliktsituationen kann eine Beratung mit erfahrenen Kolleg/inn/en bzw. mit hauptberuflichen Vertreter/inne/n der Weiterbildungseinrichtung hilfreich sein.

Wichtig ist vor allem, sich in die Lage zu versetzen, die wahrgenommenen Probleme reflektieren zu können. Vielfach, vor allem bei geringer eigener Erfahrung, werden die Schwierigkeiten nicht „analytisch" und „bewusst", sondern gefühlsmäßig erkannt. Wenn das Gefühl aufkommt, dass „irgendetwas" nicht stimmt, gibt es grundsätzlich zwei Möglichkeiten, die zu Beginn der Veranstaltung schon in der Rollendefinition angesteuert wurden:
- Das Problem wird als didaktisch-methodische Anforderung an die Leitung behandelt, man macht eine Pause und geht minutiös die letzten Schritte des Lernprozesses durch, um Zeitpunkt, Anlass und Ursache des Problems zu erkennen.
- Das Problem wird als eine Anforderung an die Gruppe behandelt, man stellt in einem „Blitzlicht" fest, ob und inwieweit die Teilnehmenden dieses Problem als störend ansehen und bearbeiten wollen.

Falls sich ein definierbares Problem im Lernprozess ergibt, empfiehlt es sich, seine Lösung auf jeden Fall in der Lerngruppe zu thematisieren und transparent zu machen.

6.4 Wegbleiben

Eine besondere Herausforderung für Kursleitende und die Teilnehmergruppe ist das Wegbleiben einzelner Teilnehmender: Forschungen haben ergeben, dass eine Vielfalt von Faktoren dabei eine Rolle spielen kann. Nichtsdestoweniger bleibt von Interesse, welches die fallweise ausschlaggebenden sind, und darüber zu sprechen. Denn wenn Teilnehmende ohne erkennbaren Grund wegbleiben, entsteht bei den Lehrenden das Gefühl des „Versagens", kein gutes Lehrangebot gemacht zu haben, und in der Gruppe ein Verlustgefühl. Es kann richtig sein, dies zu thematisieren, um es gemeinsam bearbeiten zu können. Dies gilt insbesondere dann, wenn sich der Lerngegenstand weniger am Stoff als an Personen orientiert. Entscheidend ist immer, beim „Drop-out" niemandem eine Schuld

Abbildung 26: Wünsche und Erwartungen der Teilnehmenden

Was Teilnehmende nicht wollen	Was Teilnehmenden wollen
• Monotonie der Lehrform	• abwechslungsreiche Darbietung
• Überforderung der Aufmerksamkeit	• mitmenschliche Begegnungen
• Förmlichkeit	• intellektuelle Anregungen
• Bloßstellung	• Behandlung als gleichberechtigte Partner
• Bewertung	• Beachtung ihrer Lebens- und Berufserfahrung
• Bevormundung	• aktive Mitwirkung am Lernprozess
• „Belehrung"	• Wissen als Lösung von Problemen
• Fachbuchwissen in Vortragsform	• Bezug zu ihren Aufgaben in der Praxis
• abstrakte (von der Praxis abgehobene) Theorien	• dialogische Kommunikation, eigene Initiative im Lernprozess
• Dozenten-Monologe	• Echtheit
• Dozenten mit Berufsmaske	• Lockerheit
• Gleichgültigkeit	• Engagement
• Taktlosigkeit	• Feingefühl
• Unbeweglichkeit	• Flexibilität

(Quelle: in Anlehnung an: Boeckmann/Heymen 1996, S. 7 ff.)

zuzuweisen – weder dem/der Lehrenden noch der Gruppe noch den Wegbleibenden. Besondere Aufmerksamkeit verdient in diesem Zusammenhang auch die Frage, was angesichts der Vielzahl und Vielfalt von Ablenkungsmöglichkeiten für die Durchhaltemotivation getan werden kann. Wie können Teilnehmende dauerhaft motiviert und wie kann ihre Bereitschaft zum Weitermachen gestärkt werden? Dies sind Überlegungen, die bei der Planung der Arbeitsweise und der methodischen Strategien beachtet werden müssen. Denn wie die Teilnehmenden bei der Stange gehalten werden können, hängt auch von Inhalt und Ziel der Veranstaltung ab. Auf die Wünsche und Erwartungen der Teilnehmenden einzugehen, ist ein wesentlicher Faktor zur Motivation und dadurch zur Vermeidung von „Drop-out".

Generell kann festgehalten werden, dass es für den Motivationserhalt wichtig ist, die didaktisch-methodische Verfahrensweise transparent zu machen und die Teilnehmenden dadurch in die Gestaltung des Lehr-Lern-Prozesses einzubinden. Dazu gehört es, immer wieder deutlich zu machen, auf welches Ziel hin gearbeitet wird, mit welcher Arbeitsweise dies geschieht und warum und wo man sich im Lernprozess jeweils befindet. Damit erhalten erwachsene Lernende die Möglichkeit, sich immer wieder zu vergewissern, ob der Lernprozess noch dem angestrebten Ziel und den eigenen Sinnzusammenhängen entspricht, was – wie oben bereits erwähnt – eine wichtige Voraussetzung für die weitere Teilnahme ist.

7. Evaluation

Ob Lehr- und Lernprozesse erfolgreich waren, lässt sich nur feststellen, wenn man dies mit geeigneten Methoden überprüft. Damit auch im Verlauf eines Lernangebots die Prozesse besser verstanden, die Interessen besser berücksichtigt und die Lehrarrangements dementsprechend besser gestaltet werden können, sollten regelmäßige Überprüfungen und Rückmeldemöglichkeiten vorgesehen werden. Die Evaluation von Lehr-Lern-Prozessen im Nachhinein ist für eine begründete Auswertung und für darauf aufbauende Planungen unabdingbar. Hierzu gehört auch die Notwendigkeit der Selbstüberprüfung.

7.1 Planungsevaluation

Für die Planungsevaluation ist es wichtig, dass die Lehrenden einen Abgleich zwischen inhaltlicher und methodischer Planung, konkret: zwischen den Lehr- und Lernzielen einerseits und den erwarteten Teilnehmervoraussetzungen andererseits vollziehen. Leitfragen können dabei sein:
- Welche Motive und Interessen sind zu erwarten?
- Welche Erfahrungen werden die Lernenden einbringen können?
- An welchen Lernvoraussetzungen kann angeknüpft werden?
- Sind spezifische Gruppenzusammensetzungen zu erwarten?

Auf der Grundlage der zu diesen Fragen vorhandenen Informationen können die Inhalte strukturiert, Lernhilfen und Materialien ausgesucht und entwickelt und das methodische Vorgehen geplant werden (vgl. auch Kap. 5). Die Planung wird zu Beginn einer Lernveranstaltung gegenüber den Lernenden ausreichend transparent gemacht. Es sind geeignete Methoden vorzusehen, wie sich die Lernenden zur Planung äußern und ihre Erwartungen einbringen können. Auch wenn sie zu diesem Zeitpunkt noch keinen umfassenden Überblick über den Lerngegenstand haben, kann die Planung hier noch einmal mit den realen Erwartungen abgeglichen werden (vgl. auch Kap. 6.1).

7.2 Rückmeldungen im Lernprozess

Rückmeldungen im Lernprozess lassen sich zunächst einmal nach inhaltlichen Kriterien vorplanen. Ein geeigneter Zeitpunkt ergibt sich beispielsweise nach der Einführung in das Thema, zum Abschluss eines bestimmten inhaltlichen Abschnitts oder am Ende eines Seminartags. Manchmal gibt es in Lerngruppen aber auch Differenzen oder Probleme, die ein gemeinsames Nachdenken über das weitere Vorgehen nahe legen. Wo steht die Gruppe und welche weiteren Schrit-

te sind angezeigt? Hierfür gibt es verschiedene Methoden (vgl. im Einzelnen Kap. 6). Für die Auswahl ist entscheidend, was der/die Kursleitende oder die Gruppe prüfen wollen: die Zielerreichung, die Zufriedenheit mit dem inhaltlichen oder methodischen Verlauf, das Lernklima oder das Handeln des/der Kursleitenden. Bei der methodischen Gestaltung sollten folgende Kriterien gelten:
- Die Selbstverantwortlichkeit der Lernenden für ihren Lernprozess soll gefördert werden.
- Die Unterscheidung von Prozess und Ergebnis ist zu beachten.
- Jede/r Einzelne soll die Möglichkeit der Selbstklärung und eine Beteiligungschance erhalten.
- Die individuellen Erwartungen und Einschätzungen sollen ausgetauscht werden.
- Die Teilnehmenden sollen darin unterstützt werden, ihre Einschätzungen ausdrücken zu können.
- Auch das nicht beabsichtigte Lernen ist anzusprechen.

7.3 Ergebnisevaluation

Eine Ergebnisevaluation gehört in den Weiterbildungseinrichtungen heute zur erwarteten Qualitätskontrolle. Bei ihr werden die Ergebnisse im Verhältnis zu den Zielen und Erwartungen in den Blick genommen. Die beabsichtigten und die eingetretenen Ergebnisse sind zu dokumentieren und einander gegenüber zu stellen. In vielen Einrichtungen werden hierzu standardisierte Beurteilungsbogen eingesetzt. Wenig ergiebig sind allgemeine, ungerichtete Gespräche. Nicht auszuschließen sind zu diesem Zeitpunkt Wahrnehmungsverzerrungen. Auch in diesem Falle ist wieder auf Klarheit der Fragestellung zu achten:
- Wird nach der Zufriedenheit gefragt oder nach dem Lernzuwachs?
- Steht der Gruppenprozess oder das Lehrverhalten zur Diskussion?
- Werden Inhalte bewertet oder geht es um Meinungen zum methodischen Vorgehen?

Eine Überprüfung, ob das Erlernte in der Berufspraxis oder im Alltag angewendet werden kann, ist schwieriger, weil die Lernenden nach Abschluss einer Veranstaltung oft nur noch schwer zu erreichen sind. Zur Überprüfung der Nachhaltigkeit des Lehr-Lern-Prozesses sind jedoch gezielte Nachbefragungen (per Telefon oder Fragebogen) zu empfehlen.

7.4 Selbstevaluation

So wie für Lehrende eine Veranstaltung nicht erst mit dem Eintreffen der Lernenden beginnt, so sollte auch die letzte „Kursstunde" nicht das Ende sein (vgl. auch Kap. 6.2). Abgesehen von einer gemeinsamen Auswertung mit der Gruppe ist es für jede/n Kursleitende/n sinnvoll, zurückzublicken und eine Selbstevaluation vorzunehmen. Daraus lassen sich häufig Folgerungen für die weitere Arbeit ziehen. Man kann dies beispielsweise anhand folgender Fragen tun:
- Wurde die Gestaltung des Lehr-Lern-Prozesses ausreichend transparent gemacht?
- Wurden die inhaltlichen Akzente passend gesetzt?
- War die gewählte Abfolge überzeugend?
- Waren die Lernschritte nachvollziehbar?
- Wurden die Methoden ausreichend flexibel eingesetzt?
- Wurde zu viel Fachsprache benutzt?
- War das eingesetzte Material hilfreich?
- Wurden die Lernenden wertschätzend behandelt?
- Was kann aus den geführten Einzelgesprächen gefolgert werden?

7.5 Erfahrungsaustausch

Auswertung und Beratung durch ein Gespräch mit Kolleginnen und Kollegen oder den Leitungspersonen sind ebenso ein wichtiges Instrument zur Evaluation und kontinuierlichen Verbesserung des Angebots. Es wird sich dabei in erster Linie um einen Erfahrungsaustausch handeln, wobei jeweils zu klären ist, ob Verfahrensweisen aus anderen Bereichen in die eigene Arbeit übertragbar sind. In solchen Gesprächen kann auch geklärt werden, warum etwas nicht gelungen ist oder ein Plan nicht verwirklicht werden konnte. Es können sich aus dem Erfahrungsaustausch Anregungen für weitere Planungen, für Kooperationsmöglichkeiten, für die Passung der Angebote in das Gesamtprogramm oder für die Öffentlichkeitsarbeit ergeben.

Hospitationen sind in diesem Kontext ein sehr brauchbares Hilfsmittel zur Einschätzung und kollegialen Reflexion von Lehr-Lern-Prozessen. Eigentlich sollten Hospitationen ein Standardinstrument sein; tatsächlich werden sie aber selten durchgeführt. Das liegt zum einen am Zeitmangel der hauptberuflich pädagogisch Tätigen, zum anderen daran, dass sie vielfach noch als störend empfunden werden, weil nach traditioneller Vorstellung eine Lernsituation ausschließlich Lehrenden und Lernenden vorbehalten ist und eine hospitierende Person eher als Kontrollinstanz wahrgenommen wird. Damit wird oft eine Chance zur gegenseitigen Erfahrungsanreicherung, die bei der späteren Planung und Realisierung genutzt werden könnte, vertan. Wird eine Hospitation gewünscht, ist es wichtig, die jeweilige Sichtweise der daran Beteiligten zu klären. Da meist ein konkreter Anlass vorliegt, sind die aus der Forschung bekannten Check-Listen mit Beobachtungskriterien hier wenig hilfreich. Die Besuche sollten vielmehr ohne vorgegebene Raster und festgelegte Abläufe stattfinden. Die daran anschließende Aussprache kann dann ebenfalls informell erfolgen und sollte in den Mittelpunkt die Frage rücken, was sich aus dem speziellen Verlauf an Einsichten in das eigene Verhalten und an Einblicken in das Lernverhalten der Teilnehmenden gewinnen lässt.

Selbst- und Fremdwahrnehmung zu trainieren, ist eine wichtige Aufgabe und eine selbstbezogene Art von Fortbildung. Darüber hinaus sollte aber für jede/n Kursleitende/n die Teilnahme an organisierter Fortbildung selbstverständlich sein (vgl. Kap. 3.4.3).

8. „Ausleitung"

In der Bildungsarbeit wird viel „geleitet". Sie, die Lesenden, sind „Kursleitende", und wir als Autoren dieser Einführung haben versucht, einzuleiten und anzuleiten; nun wollen wir gewissermaßen „ausleiten". Das Buch ist gedacht für diejenigen, die am Beginn einer für sie noch ungewohnten Lehrtätigkeit stehen, eine Reihe von Fragen haben und dabei eine Orientierungshilfe benötigen:

- Was ist wichtig, auf was muss ich achten und woran kann ich anknüpfen?
- Was muss ich wissen, wenn ich im Rahmen einer Organisation pädagogische Arbeit leiste?
- Was muss ich über die Organisation Volkshochschule und über meine Rolle und meine Aufgaben wissen?
- Wie kann ich etwas über die Menschen erfahren, denen ich im Kurs begegne?
- Wie gestalte ich den Lehr-Lern-Prozess und wie reagiere ich in schwierigen Situationen?

Wir haben versucht, Ihnen auf all diese Fragen erste Antworten zu geben, Ihnen den Einstieg in Ihre Lehrtätigkeit in der Erwachsenenbildung zu erleichtern. Unser Anliegen ist es, Ihnen Grundwissen zur Erwachsenenbildung so zu vermitteln, dass es in Ihrer Situation praktisch verwendbar ist, ganz im Sinne der Reihe „Perspektive Praxis" des Deutschen Instituts für Erwachsenenbildung. Verbunden mit diesem Grundwissen vermitteln wir zugleich unsere Sichtweise auf die Organisation und Gestaltung von Lehr-Lern-Prozessen Erwachsener, die sich an humanen Bildungsvorstellungen orientiert.

Natürlich kann man in einem Text wie diesem, der sich dem Einstieg in eine Lehrtätigkeit, nicht jedoch der Lehre in bestimmten Stoffgebieten widmet, keine konkrete Kursplanung entwerfen. Vielmehr wollen wir Ihnen Anregungen für die Gestaltung Ihrer Tätigkeit geben und vor allem auch Hinweise darauf, was zu beachten ist, wenn es konkret an das „Lehren" geht, und welche Schwierigkeiten dabei auftreten können. Für uns lag eine Herausforderung darin, in die Lehrtätigkeit so einzuführen, wie es für die meisten Lehrformen und Stoffgebiete und für die meisten Teilnehmergruppen und Lehrsituationen nützlich ist. Dabei sollte auch die Verbindung von erwachsenenpädagogischer Praxis und theoretischem und empirischem Wissen der Weiterbildung hergestellt werden. Sie ist ein wichtiges „Zwischenstück", das Standards in der pädagogischen Arbeit mit Erwachsenen setzt und damit zu einer weitergehenden Professionalisierung bei-

8. „Ausleitung"

trägt. So verstehen wir auch dieses Buch: Die Auswahl des Wichtigen und die spezifischen Perspektiven sind für uns Eckwerte, die auch mit Blick auf professionelle Standards und die Qualität der Arbeit zu sehen sind. Man kann aus fachlicher Sicht darüber diskutieren, ob wir die „richtigen" Standards ausgewählt haben, ob sie „richtig" formuliert wurden, und vor allem, ob sie „richtig" sind mit Blick auf die Zielsetzung, Ihnen zu Beginn Ihrer Arbeit eine Orientierungshilfe zu geben.

Wer könnte dies besser beurteilen als Sie selbst? Deshalb sind wir sehr daran interessiert zu wissen, ob und welche Hilfe Ihnen diese Einführung beim Einstieg in Ihre Arbeit tatsächlich gegeben hat. Dabei geht es uns nicht darum zu erfahren, ob Sie nach aufmerksamer und gründlicher Lektüre bereits perfekt einen Kurs leiten können. Ein Text, auch wenn er erfahrungsbasiert ist, vermittelt zunächst einmal Wissen. Das Können erwächst aus der Erfahrung im Lauf einer reflektierten, längerfristigen, praktischen Arbeit. Für eine „perfekte" Lehrtätigkeit in der Erwachsenenbildung sind sicherlich Wissen, Können und Erfahrung wichtig; unser Text kann also nur ein Baustein zu Ihrer Professionalisierung sein.

Die Lehrtätigkeit in der Erwachsenenbildung hat sich in den letzten zwanzig Jahren grundsätzlich geändert, auch die Funktion von Bildung, die Individualität der Lernenden und ihr Qualitätsanspruch verändern sich. Insofern ist unser orientierender Text nur eine Momentaufnahme, die den aktuellen Stand der erwachsenenpädagogischen Diskussion praxisorientiert zusammenfasst. Umso wichtiger ist es, dass Sie zu den Punkten, die in diesem Text angesprochen sind, mit Ihren Kolleginnen und Kollegen in der Organisation und im Fach im Gespräch bleiben, aktuelle Diskurse in Wissenschaft und Praxis der Erwachsenenbildung verfolgen und damit Ihren Erkenntnis- und Handlungsspielraum erweitern. Auch wir werden dies tun und werden diesen Einführungsband nach einer angemessenen Zeit erneut aktualisieren. Ihre Rückmeldungen, wie Sie – mit fortschreitender Praxis – seine Nützlichkeit als Einführung in die Kursleitertätigkeit einschätzen, werden wir dabei gerne berücksichtigen.

Verzeichnis der Abbildungen

Abbildung 1: DVV: Aufgabe und Mitglieder
Abbildung 2: Bundesweite Qualitätsmanagement-Modelle
Abbildung 3: Freiberufliche Kursleitende (KL) in institutionellen Zusammenhängen
Abbildung 4: Soziale Milieus
Abbildung 5: Kategorien „zweckmäßiger Lerntätigkeiten"
Abbildung 6: Lerntypen
Abbildung 7: VHS-Kursbelegungen differenziert nach Geschlecht
Abbildung 8: Teilnehmende an VHS-Kursen und soziale Milieus
Abbildung 9: Checkliste „Angebotsankündigung"
Abbildung 10: Checkliste zur Veranstaltungsvorbereitung
Abbildung 11: Neue Medien in der Erwachsenenbildung
Abbildung 12: Didaktischer Keil
Abbildung 13: Didaktische Arbeit
Abbildung 14: Stoffgliederung und Lernzielfestlegung
Abbildung 15: Koordinatenkreuz des Kursleiterverhaltens
Abbildung 16: Allgemeine Kommunikationsregeln
Abbildung 17: Anforderungen an Methoden
Abbildung 18: Lehrfunktionen
Abbildung 19: Was Lernprozesse begünstigt
Abbildung 20: Portfolioanalyse
Abbildung 21: Sitzordnungen
Abbildung 22: Kennenlernen und Warming-up
Abbildung 23: Häufige Anfangsfehler
Abbildung 24: Feedback
Abbildung 25: Verhalten in Konfliktsituationen
Abbildung 26: Wünsche und Erwartungen der Teilnehmenden

Literatur

Bei der vorliegenden Einführung wurde eine Vielzahl einschlägiger Publikationen berücksichtigt, aus denen auch einzelne Passagen übernommen wurden. Diese Publikationen und einige weitere, die aus unserer Sicht Grundlagenwissen für die Praxis vermitteln, sind hier zusammengestellt, womit auch auf weiterführende Literatur zu den Themenkreisen Weiterbildungssystem, Kursleitende, Methodik und Didaktik verwiesen wird.

Arnold, R./Nolda, S./Nuissl, E. (Hrsg.) (2001): Wörterbuch Erwachsenenpädagogik. Bad Heilbrunn

Baeumler, C. E./Will, H. (Hrsg.) (1991): Mit den Augen lernen. Seminareinheit 6: Lernen mit dem Computer. Weinheim u.a.

Ballewski, G./Hensel, W./Laaser, W. (1979): Kursgestaltung in der Weiterbildung. München/Wien

Ballstaedt, S.-P./Will, H. (Hrsg.) (1991): Mit den Augen lernen. Seminareinheit. 2: Lerntexte und Teilnehmerunterlagen. Weinheim u.a.

Bastian, H./Beer, W./Knoll, J. (2002): Pädagogisch denken – wirtschaftlich handeln. Bielefeld

Bieger, E. (Mitarb.), u.a. (1995): Übungen und Methoden für die Kursleitung. (Weiterbildung live 3). Hamburg

Boeckmann, K./Heymen, N. (1996): Fachwissen vermitteln – aber ohne Schulmeisterei. Baltmannsweiler

Brokmann-Nooren, Ch./Grieb, I./Raapke, H.-D. (Hrsg.) (1994): Handreichungen für die nebenberufliche Qualifizierung (NQ) in der Erwachsenenbildung. Weinheim u.a.

Brühwiler, H. (1989): Methoden in der Erwachsenenbildung. Zürich

Brugger, E. (Bearb.), u.a. (1992): Unterricht in der Volkshochschule. Grundlagen für KursleiterInnen. Wien (Verband Österreichischer Volkshochschulen/Verband Wiener Volksbildung)

Crittin, J.-P. (1993): Erfolgreich unterrichten. Die Vorbereitung und Durchführung von Unterricht. Ein praxisbezogenes Handbuch für Ausbilder und Kursleiter. Bern u.a.

Decker, F. (1995): Bildungsmanagement für eine neue Praxis. Lernprozesse erfolgreich gestalten, pädagogisch und betriebswirtschaftlich führen, budgetieren und finanzieren. München u.a.

Derichs-Kunstmann, K./Faulstich, P./Tippelt, R. (Hrsg.) (1996): Qualifizierung des Personals in der Erwachsenenbildung. Dokumentation der Jahrestagung 1995 der Kommission Erwachsenenbildung der Deutschen Gesellschaft für Erziehungswissenschaft. Beiheft zum Report. Frankfurt a.M.

Dewe, B. (1996): Das Professionswissen von Weiterbildnern: Klientenbezug – Fachbezug. In: Combe, A./Helsper, W. (Hrsg.): Pädagogische Professionalität. Frankfurt a.M., S. 714–757

Dewe, B./Wiesner, G./Wittpoth, J. (Hrsg.) (2002): Professionswissen und erwachsenenpädagogisches Handeln. Dokumentation der Jahrestagung 2001 der Sektion Erwachsenenbildung der Deutschen Gesellschaft für Erziehungswissenschaft. Beiheft zum Report. Bielefeld

Dietrich, S. (Hrsg.) (2001): Selbstgesteuertes Lernen in der Weiterbildungspraxis – Ergebnisse und Erfahrungen aus dem Projekt SeGeL. Bielefeld

Doering, K. W. (1995): Lehren in der Weiterbildung. Ein Dozentenleitfaden. 5. Aufl. Weinheim

Forum Bildung (Hrsg.) (2001): Lernen, ein Leben lang – Expertenbericht. Köln

Geißler, K. A. (1991): Anfangssituationen. Was man tun und besser lassen sollte. 4. Aufl. Weinheim

Geißler, K. A. (1994): Schlusssituationen. Die Suche nach dem guten Ende. Weinheim u.a.

Geißler, K. A. (1995): Lernprozesse steuern. Übergänge: Zwischen Willkommen und Abschied. Weinheim

GEW (Hrsg.) (2000): Lehrende in der Erwachsenenbildung, Dok. 81/2000, Frankfurt a.M.

GEW (Hrsg.) (2000): Sozialversicherung für selbständige Lehrer/innen in der Weiterbildung (Honorarkräfte, nicht betriebsgebundene pädagogische Mitarbeiter/innen), Beschluss des Geschäftsführenden Vorstands der GEW vom 22.03.2000. Frankfurt a.M.

GEW (Hrsg.) (2001): Selbständig – aber sicher! Soziale Sicherung von Dozentinnen und Dozenten in der Weiterbildung. Frankfurt a.M.

Giesecke, W./Enoch, C. (2004): Rechtssituation des Weiterbildungspersonals. In: Krug, P./Nuissl, E. (Hrsg.): Praxishandbuch Weiterbildungsrecht (Loseblatt-Sammlung). Neuwied

Gieseke, W. (2001): Von der Weiterbildungsarbeit zum Beruf und zur Profession. Zur Diskussion der Weiterbildungsprofessionalität. In: Grundlagen der Weiterbildung – Praxishilfen 5.280

Gugel, G. (1993): Praxis politischer Bildungsarbeit. Methoden und Arbeitshilfen. Tübingen (Verein für Friedenspädagogik)

Hartz, S./Meisel, K. (2004): Qualitätsmanagement. Bielefeld

Kade, J. (1989): Kursleiter und die Bildung Erwachsener. Bad Heilbrunn

Kittelberger, R./Freisleben, I./Will, H. (Hrsg.) (1991): Mit den Augen lernen. Seminareinheit 5: Lernen mit Video und Film. Weinheim u.a.

Knoll, J. (1997): Kurs- und Seminarmethoden. Ein Trainingsbuch zur Gestaltung von Kursen und Seminaren, Arbeits- und Gesprächskreisen. 7. Aufl. Weinheim u.a.

Kommission der europäischen Gemeinschaften (Hrsg.) (2000): Arbeitsdokument der Kommissionsdienststellen: Memorandum über lebenslanges Lernen. Brüssel

Kotler, Ph./Bliemel, F. (2001): Marketing-Management. 10. Aufl. Stuttgart

Kraemer, S./Walter, K.-D. (1994): Effektives Lehren in der Erwachsenenbildung. Ismaning

Langner-Geissler, T./Lipp, U./Will, H. (Hrsg.) (1991): Mit den Augen lernen. Seminareinheit 3: Pinwand, Flipchart und Tafel. Weinheim u.a.

Mueller, K. R. (1996): Methoden der Erwachsenenbildung. In: Grundlagen der Weiterbildung (GdWZ), H. 1, S. 23–26

Nuissl, E. (2000): Einführung in die Weiterbildung: Zugänge, Probleme und Handlungsfelder. Neuwied u.a.

Nuissl, E/Pehl, K. (2004): Porträt Weiterbildung Deutschland. Bielefeld

Pehl, K./Reitz, G. (2003): Volkshochschulstatistik (41. Folge, Arbeitsjahr 2002). Bielefeld

Rein, A. von (2000): Öffentlichkeitsarbeit in der Weiterbildung. Bielefeld

Schäffter, O. (1984): Veranstaltungsvorbereitung in der Erwachsenenbildung. Bad Heilbrunn

Schmidt-Lauff, S. (1996): Anforderungen an „freiberufliches" Personal bei kommerziellen Weiterbildungsanbietern. In: Derichs-Kunstmann, K./Faulstich, P./Tippelt, R. (Hrsg.): Qualifizierung des Personals in der Erwachsenenbildung. Frankfurt a.M., S. 72–81

Schrader, J. (1994): Lerntypen bei Erwachsenen: Empirische Analysen zum Lernen und Lehren in der beruflichen Weiterbildung. Weinheim

Siebert, H. (1994): Seminarplanung und -organisation. In: Tippelt, R. (Hrsg.): Handbuch Erwachsenenbildung/Weiterbildung. Opladen, S. 640–653

Steinweg, W. (1999): Rechtsgrundlagen und Orientierungshilfen zum Thema „Scheinselbständigkeit" für den Bereich der Lehrenden an Volkshochschulen. 2. Aufl. Bonn (DVV)

Tippelt, R. (Hrsg.) (1999): Handbuch Erwachsenenbildung/Weiterbildung. 2., überarbeitete und aktualisierte Aufl. Opladen

Tippelt, R., u.a. (2003): Weiterbildung, Lebensstil und soziale Lage in einer Metropole. Bielefeld

Tippelt, R./Barz, H. (2004): Soziale und regionale Differenzierung von Weiterbildungsverhalten und Weiterbildungsinteressen. Kurz-Zusammenfassung der Ergebnisse. München. www.bmbf.de/pub/weiterbildungsverhalten_und_interessen.pdf (Zugriff 3. Mai 2004)

Vopel, K./Kirsten, R. E. (1974): Kommunikation und Kooperation. Ein gruppendynamisches Trainingsprogramm. München

Weidenmann, B. (1995): Erfolgreiche Kurse und Seminare. Professionelles Lernen mit Erwachsenen. Weinheim u.a.

Weidenmann, B./Will, H. (Hrsg.) (1991): Mit den Augen lernen. Seminareinheit 1: Lernen mit Bildmedien. Psychologische und didaktische Grundlagen. Weinheim u.a.

Weinberg, J. (2000): Einführung in das Studium der Erwachsenenbildung. Überarb. Neuaufl. Bad Heilbrunn

Will, H. (1991): Mit den Augen lernen. Seminareinheit 4: Arbeitsprojektor und Folien. Weinheim u.a.

Wittpoth, J. (2003): Einführung in die Erwachsenenbildung. Opladen

Autorinnen und Autoren

Dr. Hannelore Bastian ist Programmdirektorin der Hamburger Volkshochschule, E-Mail: h.bastian@vhs-hamburg.de

Dr. Klaus Meisel ist Direktor am Deutschen Institut für Erwachsenenbildung in Bonn und Honorarprofessor an der Philipps-Universität Marburg, E-Mail: meisel@die-bonn.de

Dr. Dr. h. c. Ekkehard Nuissl ist Professor am Fachbereich Erziehungswissenschaften der Universität Duisburg-Essen und wissenschaftlicher Direktor am Deutschen Institut für Erwachsenenbildung in Bonn, E-Mail: nuissl@die-bonn.de

Dr. Antje von Rein ist im Zentralen Marketing der Hamburger Volkshochschule und als Lehrbeauftragte an der Universität der Bundeswehr in Hamburg tätig, E-Mail: a.v.rein@vhs-hamburg.de

Praxisratgeber Kulturelle Bildung

Kulturelle Bildung
Ein Leitfaden für Kursleiter und Dozenten
Reihe: Perspektive Praxis

RICHARD STANG, GEORG PEEZ U.A.

2. überarbeitete Auflage 2003
114 Seiten, 12,90 €
ISBN 3-7639-1861-2
Best.-Nr. 43/0021

Diese praxisnahe „Einführung" zeigt anschaulich die unterschiedlichen Bereiche und das facettenreiche Selbstverständnis der kulturellen Bildung.

Unverzichtbar für Kursleiter, Dozenten und solche, die es werden wollen, ist dieser Band, weil er eine Fülle von konkreten Praxisbeispielen präsentiert, Orientierungen für die Wahl von Methoden und die Gestaltung von Kursen gibt. Er ist ein „Wegweiser" durch den Dschungel der unterschiedlichen Bedürfnisse und Ansprüche der Beteiligten.

**Perspektive Praxis
Rabatte für
Sammelbestellungen!**

11 – 25 Exemplare 5 %
26–49 Exemplare 7 %
50–99 Exemplare 8 %
ab 100 Exemplare 10 %

Ihre Bestellmöglichkeiten:
W. Bertelsmann Verlag, Postfach 10 06 33, 33506 Bielefeld, Tel.: (05 21) 9 11 01-11
Fax: (05 21) 9 11 01-19, E-Mail: service@wbv.de, Internet: http://shop.wbv.de

W. Bertelsmann Verlag Fachverlag für Bildung und Beruf   wbv